DIREITOS DE PERSONALIDADE

ANOTAÇÕES
ao Código Civil e ao Código do Trabalho

GUILHERME MACHADO DRAY

Mestre em Direito
Assistente da Faculdade de Direito de Lisboa

DIREITOS DE PERSONALIDADE

ANOTAÇÕES
ao Código Civil e ao Código do Trabalho

DIREITOS DE PERSONALIDADE

AUTOR
GUILHERME MACHADO DRAY

EDITOR
EDIÇÕES ALMEDINA, SA
Rua da Estrela, n.º 6
3000-161 Coimbra
Telef.: 239 851 904
Fax: 239 851 901
www.almedina.net
editora@almedina.net

PRÉ-IMPRESSÃO • IMPRESSÃO • ACABAMENTO
G.C. – GRÁFICA DE COIMBRA, LDA.
PALHEIRA – ASSAFARGE
3001-453 COIMBRA
producao@graficadecoimbra.pt

Abril, 2006

DEPÓSITO LEGAL
241520/06

Os dados e as opiniões inseridos na presente publicação
são da exclusiva responsabilidade do(s) seu(s) autor(es).

Toda a reprodução desta obra, por fotocópia ou outro qualquer processo,
sem prévia autorização escrita do Editor,
é ilícita e passível de procedimento judicial contra o infractor.

INTRODUÇÃO

I. O Direito visa as pessoas e existe em função das mesmas. Trata-se de um dado axiomático, de natureza histórica e cultural, que está na origem da Ciência Jurídica e que assenta na tradição greco--cristã-ocidental. O tema surge com particular acuidade no Direito Civil, enquanto ramo de direito que se ocupa em particular dos *cives*. Mas não em exclusivo: a dogmática dos *direitos fundamentais* revela a apetência do Direito Público em promover a tutela das pessoas, *maxime* nas relações que estas estabelecem com o Estado. Por outro lado, a matéria das pessoas e a da tutela dos bens que directamente lhe dizem respeito é igualmente marcante noutros ramos de direito privado especial, com particular incidência no Direito do Trabalho, onde a desigualdade entre a posição jurídica do empregador e a do trabalhador é manifesta, caracterizando-se pelo binómio poder de direcção (*situação jurídica activa*) versus situação de sujeição (*situação jurídica passiva*).

II. A ideia de pessoa não está necessariamente, quanto à sua origem, associada aos propósitos da sua tutela. Como sublinha MENEZES CORDEIRO, a ideia de pessoa impôs-se, no Direito, como instrumento técnico para assegurar a organização económica e social, tornando operacional a figura de troca e, por essa via, do contrato e da propriedade. A atribuição ao ser humano de uma dignidade própria e a configuração dos *direitos de personalidade* enquanto instrumento de tutela da personalidade resultaram de uma paulatina caminhada civilizacional [1], que se tem caracterizado por um fenómeno de expansão.

---

[1] Cf. MENEZES CORDEIRO, *Tratado de Direito Civil Português, I, Parte Geral, Tomo III, Pessoas*, Almedina, Coimbra, 2004, p. 17.

III. A matéria dos *direitos de personalidade* é central na sociedade contemporânea. A importância hoje reconhecida aos *direitos de personalidade* é, de forma clara, significativamente maior do que aquela que se atribuía aos *direitos originários* do Código de Seabra ([2]). Vários factores terão contribuído para a este reconhecimento acrescido: por um lado, por força do florescimento de alguns direitos de personalidade no próprio texto constitucional de 1976 ([3]); em segundo lugar, porque a tutela conferida no Código Civil aos direitos de personalidade transcende, em larga escala, o regime de (mera) responsabilidade civil constante do artigo 2361.º Código de Seabra ([4]); em terceiro lugar, por força do recente e mencionado alastramento dos direitos de personalidade a outras áreas e a alguns ramos de direito privado especial, nomeadamente ao Direito do Trabalho ([5]); em quarto lugar, em virtude dos avanços doutrinários e jurisprudenciais que se registaram a este nível.

Entre nós, o interesse suscitado pela tutela da pessoa e em particular pela matéria dos *direitos de personalidade* tem vindo a crescer, quer a nível doutrinário e jurisprudencial, quer em sede legislativa. A nível *doutrinário* e no que tange ao regime civil dos direitos de personalidade consagrado no Código Civil, destacam-se os escritos de MENEZES CORDEIRO ([6]), OLIVEIRA ASCENSÃO ([7]), PEDRO PAIS DE VASCONCELOS ([8]), CARVALHO FERNANDES ([9]), CAPELO DE SOUSA ([10]), JANUÁRIO DA COSTA

---

[2] Veja-se, a este propósito, a anotação (IX e ss.) *infra* ao artigo 70.º do Código Civil.

[3] Veja-se, a este propósito, a anotação (X) *infra* ao artigo 70.º do Código Civil.

[4] Veja-se, a este propósito, a anotação (XIII e XIV) *infra* ao artigo 70.º do Código Civil.

[5] Veja-se, a este propósito, a anotação (XV e XVI) *infra* ao artigo 70.º do Código Civil e a anotação ao artigo 15.º do Código do Trabalho.

[6] Cf. MENEZES CORDEIRO, *Tratado de Direito Civil Português, I, Parte Geral, Tomo III, Pessoas*, ob. cit., pp. 28-216 e «Os direitos de personalidade na civilística portuguesa», in *Estudos em Homenagem ao Professor Doutor Inocêncio Galvão Telles*, Almedina, Coimbra, 1.º volume, 2202, pp. 21-45.

[7] Cf. OLIVEIRA ASCENSÃO, *Direito Civil, Teoria Geral*, Volume I, 2.ª ed., *Introdução, As Pessoas, os Bens*, Coimbra, 2002.

[8] Cf. PEDRO PAIS DE VASCONCELOS, *Teoria Geral do Direito Civil*, 3.ª ed Almedina, 2005, pp. 38-70.

[9] Cf. CARVALHO FERNANDES, *Teoria Geral do Direito Civil*, Volume I, 2.ª ed., Lex, Lisboa, 1995, pp. 187-195.

GOMES ([11]), CASTRO MENDES ([12]), CARLOS MOTA PINTO ([13]), DIOGO LEITE DE CAMPOS ([14]) PAULO MOTA PINTO ([15]) e RITA AMARAL CABRAL ([16]). A nível *jurisprudencial*, onde se opera com maior intensidade a concretização dos conceitos indeterminados que caracterizam o regime dos direitos de personalidade, assiste-se a um desenvolvimento assinalável, marcado por várias fases ([17]): numa primeira fase, os *direitos de personalidade* eram objecto de um reconhecimento pontual (1967-1982); seguiu-se uma fase de implantação (1983-1992), registando-se actualmente uma fase de aplicação corrente (a partir de 1993) ([18]) ([19]). Por outro lado, em sede legislativa, regista-se um fenómeno de expansão: com a aprovação do Código do Trabalho, através da Lei n.º 99/2003, de 27 de Agosto, foi pela primeira vez consagrada no nosso regime jurídico, numa codificação diversa da do Código Civil, uma Subsecção especificamente dedicada aos *direitos de personalidade* [Subsecção II (*Direitos de* Personalidade), da Secção II (*Sujeitos*), do Capítulo I (*Disposições Gerais*), do Título I (*Fontes e Aplicação do Direito do Traba-*

---

[10] CAPELO DE SOUSA, *O Direito Geral de Personalidade*, Coimbra, 1995.

[11] JANUÁRIO DA COSTA GOMES, *O Problema da Salvaguarda da Privacidade Antes e Depois do Computador*, in *BMJ*, 319, pp. 28 e ss.

[12] CASTRO MENDES *Teoria Geral do Direito Civil*, I, 1978 (reimp. 1986), pp. 310-315.

[13] CARLOS MOTA PINTO, *Teoria Geral do Direito Civil*, 3.ª Ed. Actualizada, Coimbra, 1996, pp. 84-88.

[14] DIOGO LEITE DE CAMPOS, *Lições de Direito de Personalidade*, 2.ª ed., 1992 e *O Direito e os direitos de personalidade*, in Revista da Ordem dos Advogados, 1993, pp. 201-224.

[15] Cf. PAULO MOTA PINTO *O direito à reserva da intimidade da vida privada* in Boletim da Faculdade de Direito, LXIX (1993), pp. 479-485).

[16] RITA AMARAL CABRAL, *O direito à reserva sobre a intimidade da vida privada*, in BFD LXIX (1993), pp. 479-585 e *O direito ao livre desenvolvimento da personalidade Portugal-Brasil* (2000), pp. 149-246.

[17] Cf. MENEZES CORDEIRO, *Tratado de Direito Civil Português, I, Parte Geral, Tomo III, Pessoas,* ob. cit., pp. 63-74, onde se citam inúmeros arestos dedicados ao tema.

[18] Veja-se, a este propósito, a anotação (XVII) *infra* ao artigo 70.º do Código Civil.

[19] A propósito da prática jurisprudencial no domínio do Direito do Trabalho, envolvendo questões relacionadas com a aplicação de direitos de personalidade, veja-se *infra* a anotação (V) ao artigo 16.º do Código do Trabalho.

lho), do Livro I (*Parte Geral*)]. A consagração deste regime suscitou novos estudos, alguns preparatórios, outros típicos de um fenómeno pós-codificação. Registam-se, neste domínio, em torno da matéria dos *direitos de personalidade* no Direito do Trabalho, os escritos de MENEZES CORDEIRO [20], PEDRO ROMANO MARTINEZ [21], LUÍS MENEZES LEITÃO [22], MARIA DO ROSÁRIO RAMALHO [23], JOSÉ JOÃO ABRANTES [24] e GUILHERME DRAY [25].

IV. É neste contexto que se justifica esta publicação: trata-se de uma anotação aos textos legais vigentes que contêm, entre nós, disposições normativas especificamente dedicadas aos *direitos de personalidade:* o Código Civil de 1966 e o Código do Trabalho de 2003. No caso do Código do Trabalho, retoma-se uma anotação já realizada pelo autor ao citado diploma legal [26], ainda que revista e actualizada; no caso do Código Civil, trata-se de textos ainda não publicados.

---

[20] Cf. MENEZES CORDEIRO, «O respeito pela esfera privada do trabalhador», in *I Congresso Nacional de Direito do Trabalho*, Almedina, Coimbra, 1998, pp. 20 e ss., e «A liberdade de expressão do trabalhador», in *II Congresso Nacional de Direito do Trabalho*, Almedina, Coimbra, 1999, pp. 24 e ss.

[21] Cf. PEDRO ROMANO MARTINEZ, *Direito do Trabalho*, 2.ª ed., Almedina, Coimbra, 2005, pp. 347-353.

[22] Cf. LUÍS MENEZES LEITÃO *Código do Trabalho Anotado*, 2.ª ed., Almedina, Coimbra, 2004, anotação aos artigos 15.º a 21.º, pp. 35 a 44.

[23] Cf. ROSÁRIO RAMALHO, «Contrato de trabalho e direitos fundamentais», in *Estudos em Homenagem à Professora Doutora Isabel Magalhães Collaço*, Vol. II, Almedina, Coimbra, 2002, pp. 393-417.

[24] JOSÉ JOÃO ABRANTES, «Contrato de trabalho e direitos fundamentais», in *II Congresso Nacional de Direito do Trabalho*, Almedina, Coimbra, 1999, pp. 105 e ss. e *Contrat de travail et droits fondamentaux – contibution à une dogmatique commune européenne, avec référence spéciale au droit allemand e tau droit portugais*, Frankfurt am Main, 2000

[25] Cf. GUILHERME DRAY, in PEDRO ROMANO MARTINEZ, LUÍS MIGUEL MONTEIRO, JOANA VASCONCELOS, PEDRO MADEIRA DE BRITO, GUILHERME DRAY e LUÍS GONÇALVES DA SILVA, *Código do Trabalho Anotado*, 4.ª ed., Almedina. Coimbra, 2005, anotação aos artigos 14.º a 21.º, pp. 97-116, e «Justa causa e esfera privada», in *Estudos do Instituto de Direito do Trabalho*, II, Almedina, 2001, pp. 35-91.

[26] Trata-se do *Código do Trabalho Anotado*, dos autores PEDRO ROMANO MARTINEZ, LUÍS MIGUEL MONTEIRO, JOANA VASCONCELOS, PEDRO MADEIRA DE BRITO, GUILHERME DRAY e LUÍS GONÇALVES DA SILVA, ob. cit., anotação aos artigos 14.º a

V. A reunião, numa única publicação, das anotações às duas referidas codificações justifica-se: por um lado, por força da relação de especialidade que existe entre o Direito Trabalho e o Direito Civil – o Direito Civil, enquanto Direito comum, aplica-se subsidiariamente, marca e influencia o Direito do Trabalho, não obstante a especialidade deste último e as especificidades de regime que o caracterizam; por outro lado, atenta a unidade do Direito e em particular a da matéria em análise – as presentes anotações têm por objecto o regime dos *direitos de personalidade,* sendo certo que o regime consagrado no Código do Trabalho se articula necessariamente com o do Código Civil numa relação de complementaridade: o Código do Trabalho, à semelhança do que sucede nos artigos 71.º e seguintes do Código Civil, enuncia apenas os direitos de personalidade que à partida aparentam ter uma maior projecção na relação de trabalho; nessa medida, sempre que tal se justifique, os preceitos em apreço devem ser conjugados (e complementados) com o regime da tutela geral da personalidade e os direitos especiais de personalidade previstos no Código Civil (artigos 70.º e 71.º e ss.), bem como com o regime da limitação voluntária dos direitos de personalidade consagrado no artigo 81.º deste último diploma. Justifica-se, pois, uma análise conjunta dos dois regimes jurídicos – o do Código Civil e o do Código do Trabalho – em nome da «unidade do Direito».

VI. A Ciência Jurídica compreende-se com recurso à ideia de *sistema*: ela assenta em decisões que se querem previsíveis, com base no princípio estruturante que manda tratar o igual de forma igual e o diferente de forma diferente, de acordo com a medida da diferença. Admitindo-se várias fórmulas de compreensão do conceito de *sistema*, parece todavia cristalino, como assinala CANARIS, que há duas características que necessariamente o definem: a da *ordenação* e a da *uni-*

21.º, pp. 97-116. Recorda-se que não obstante se tratar de uma obra conjunta, elaborada por vários autores, as diversas anotações foram feitas separadamente e correspondem ao entendimento do respectivo autor. No caso dos artigos 14.º a 21.º, as anotações foram realizadas pelo signatário.

dade ([27]). KANT define o sistema como «a unidade, sob uma ideia, de conhecimentos variados» ([28]); SAVIGNY como «a concatenação interior que liga todos os institutos jurídicos e as regras de Direito numa grande unidade» ([29]); STAMMLER como «uma unidade totalmente ordenada» ([30]); BINDER como «um conjunto de conceitos jurídicos ordenado segundo pontos de vista unitários» ([31]); STOLL como «um conjunto unitário ordenado» ([32]) e COING, entre outros, como «uma ordenação de conhecimentos segundo um ponto de vista unitário» ([33]). A *unidade* do Direito é, pois, uma característica fundamental da Ciência Jurídica: garante estabilidade e previsibilidade, previne a ausência de contradições na ordem jurídica e proporciona a realização da tendência generalizadora da Justiça, enquanto corolário do princípio da igualdade. A metodologia jurídica não pode dispensar a compreensão da unidade do *sistema* – é à luz desta característica que se desenvolvem e compreendem, por exemplo, a «interpretação sistemática» e a «integração de lacunas». O Direito deve ser entendido como um todo e não como um conjunto desordenado e isolado de proposições jurídicas. O sistema consubstancia, pois, uma *ordenação axiológica* ou *teleológica de princípios gerais de Direito* ([34]), que intenta ordenar, de forma racional e coerente, um conjunto de princípios constitutivos da Ciência Jurídica. É à luz

---

[27] CLAUS-WILHELM CANARIS, *Pensamento Sistemático e Conceito de Sistema na Ciência do Direito*, 2.ª edição, Fundação Calouste Gulbenkian, Lisboa, 1996, p. 9, p. 18 e pp. 66-105.

[28] KANT, *Kritik der reinen Vernunft*, 1ª ed. (1781), p. 832, citado em CANARIS, ob. cit., p. 10.

[29] CARL VON SAVIGNY, *System des heutigen römishen Rechts*, Vol. I (1840), p. 214, citado em CANARIS, ob. cit., p. 11.

[30] RUDOLF STAMMLER, *Theorie der Rechtswissenschaft*, 2.ª edição (1923), p. 221, citado em CANARIS, ob. cit., p. 11.

[31] JULIUS BINDER, *Philosophie des Rechts*, 1925, p. 922, citado em CANARIS, ob. cit., p. 11.

[32] STOLL, *Begriff und Konstruktion in der Lehre der Interessenjurisprudenz*, Fetsgabe für Heck, p. 77, citado em CANARIS, ob. cit., p. 11.

[33] HELMUT COING *Geschichte und Bedeutung des Systemgedankes in der Rechtswissenschaft*, Frankfurter Univertitätsreden Hef 17, *Begriff und Konstruktion in der Lehre der Interessenjurisprudenz*, Fetsgabe für Heck, p. 77, citado em CANARIS, ob. cit., p. 11.

[34] Cf. CANARIS, op. cit., p. 77.

desta ideia que se deve compreender (e aplicar) o Direito. E é neste contexto que se justifica a reunião, numa única publicação, de anotações aos regimes do Código Civil e do Código do Trabalho. Como sublinha LARENZ, «as proposições jurídicas contidas na lei não estão simplesmente umas ao lado das outras, mas estão relacionadas entre si de diferente modo e só na sua recíproca delimitação e no seu jogo concertado produzem uma regulação. (...) Cada proposição jurídica completa deve sempre ser considerada pela Jurisprudência como parte de uma regulação mais ampla»[35]. O relacionamento entre diversos ramos do Direito, em termos articulados, é determinante[36]. O Direito Civil, enquanto Direito comum, assume a este nível um papel preponderante: tem aplicação subsidiária perante os diversos ramos jurídicos, inclusivamente no domínio do Direito Público[37].

VI. Deixam-se, por fim, algumas notas finais relativamente à sistematização adoptada, às indicações bibliográficas e à forma da sua enunciação e aos objectivos que presidem à publicação da presente publicação. Relativamente à *sistematização*, importa reter que o tema dos *direitos de personalidade* apenas se compreende à luz de determinados conceitos que estão na sua base, tais como os de *personalidade jurídica* e de *capacidade jurídica*. Por outras palavras: os *direitos de personalidade* situam-se a jusante e decorrem necessariamente do surgimento da *personalidade jurídica*, sendo certo que do ponto de vista da compreensão do respectivo regime impõe-se o manuseamento de conceitos jurídicos com ele relacionados, como os de *personalidade jurídica, capacidade jurídica de gozo* e *capacidade jurídica de exercício*. Neste contexto, optou-se pela inclusão de anotações aos artigos 66.º a 69.º do Código Civil («Começo da personalidade», «Capacidade jurídica», «Termo da personalidade» e «Renúncia à capacidade jurí-

---

[35] Cf. KARL LARENZ, *Metodologia da Ciência do Direito*, trad. José Lamego, 3ª edição, Fundação Calouste Gulbenkian, Lisboa, 1997, p. 370.

[36] Cf. MENEZES CORDEIRO, «Os dilemas da Ciência do Direito no Final do Século XX», *in* CLAUS-WILHELM CANARIS, *Pensamento Sistemático e Conceito de Sistema na Ciência do Direito* (Introdução), cit. p. CXI.

[37] Cf. MENEZES CORDEIRO, *Tratado de Direito Civil Português*, I, Parte Geral, Tomo I, 3.ª edição, Almedina, Coimbra, 2005, pp. 55-58.

dica») e ao artigo 14.º do Código do Trabalho (Capacidade – «Princípio geral»). Relativamente às *indicações bibliográficas*, optou-se por uma remissão limitada para a doutrina nacional de referência, aposta em cada uma dos preceitos anotados – evitam-se por esta via anotações muito extensas e permite-se ao leitor, em cada uma das anotações, aceder à bibliografia mais relevante sobre a matéria comentada. Relativamente aos *objectivos* que presidem a esta publicação, estes são claros – visa-se contribuir para a compreensão dos preceitos anotados e para uma visão unificada e complementar dos *direitos de personalidade* consagrados em previsões normativas específicas de dois ramos de direito distintos, mas que reciprocamente se complementam.

Lisboa, Fevereiro de 2006

I – CÓDIGO CIVIL

LIVRO I – Parte Geral

TÍTULO II – Das Relações Jurídicas

SUBTÍTULO I – Das Pessoas

CAPÍTULO I – Pessoas Singulares

SECÇÃO I – Personalidade e Capacidade Jurídica

ARTIGO 66.º
(**Começo da personalidade**)

1. A personalidade adquire-se no momento do nascimento completo e com vida.
2. Os direitos que a lei reconhece aos nascituros dependem do seu nascimento.

I. O artigo 66.º inaugura, no Código Civil, a matéria das *pessoas*, em particular o regime específico das *pessoas singulares*. As *pessoas singulares* são objecto particular atenção nos artigos 66.º a 156.º, no âmbito do Livro I (*Parte Geral*), no Título II (*Das Relações Jurídicas*) e no Subtítulo I (*Das Pessoas*). Dentro deste Subtítulo, o regime em causa mostra-se vertido no Capítulo I, relativo às *Pessoas Singulares*, o qual comporta cinco Secções (Secção I – *Personalidade e Capacidade Jurídica*; Secção II – *Direitos de Personalidade*; Secção III – *Domicílio*; Secção IV – *Ausência*; Secção V – *Incapacidades*). O Subtítulo I comporta ainda um Capítulo II, dedicado às *pessoas colectivas*, no qual se contêm disposições gerais e regimes especiais aplicáveis às associações e às fundações, e um Capítulo III, atinente às *Associações sem Personalidade Jurídica e Comissões Especiais*.

II. Confrontando a actual sistematização com a do Código Civil de 1867 (Código de Seabra), no que tange à matéria das pessoas, regista-se uma inversão sistemática:

a) No Código de Seabra dispunha-se na Parte I a propósito da *Capacidade Civil* e na Parte II a propósito dos *Direitos Originários*. A Parte I, que integrava um Livro Único, dividia a matéria em catorze títulos, assim classificados:

– Título I – *Da capacidade civil, e da lei que a regula em geral;*
– Título II – *Como se adquire a qualidade de cidadão portuguez;*
– Título III – *De como se perde a qualidade de cidadão portuguez;*
– Título IV – *Dos cidadãos portugueses em paiz estrangeiro;*
– Título V – *Dos estrangeiros em Portugal;*
– Título VI – *Das pessoas moraes;*
– Título VII – *Do domicílio;*
– Título VIII – *Da ausência;*
– Título IX – *Da incapacidade por menoridade e do seu suprimento;*
– Título X – *Da incapacidade por demência;*
– Título XI – *Da incapacidade dos surdos-mudos;*
– Título XII – *Da incapacidade dos pródigos;*
– Título XIII – *Da incapacidade acidental;*
– Título XIV – *Da incapacidade por efeito de sentença penal condenatória)*

b) No actual Código Civil, pelo contrário, no âmbito do Capítulo (I) atinente às *pessoas singulares*, dispõe-se primeiro – Secções I e II – a propósito da *personalidade jurídica* e dos *direi-*

tos de personalidade (a que correspondem os anteriormente denominados *direitos originários*) e só depois se regulam os regimes do *domicílio* (Secção III), *da ausência* (Secção IV) e o das *incapacidades* (Secção V).

III. São conhecidas as linhas orientadoras e as raízes que marcam o Código Civil de 1966: no essencial, o diploma surge na sequência da recepção da doutrina alemã e do pensamento da terceira sistemática, bem como das críticas dirigidas ao Código de Seabra, oficializadas no *Diário do Governo*, através do Preâmbulo do Decreto n.º 33.098, de 4 de Setembro de 1944, que determinou que se procedesse à elaboração de um projecto de revisão geral do Código Civil (veja-se, a este propósito, MENEZES CORDEIRO, *Tratado de Direito Civil Português*, I, Parte Geral, Tomo I, 3ª ed., Almedina, Coimbra, 2005, pp. 123-171). A Comissão de Reforma, encarregue da elaboração do Projecto, ficou a cargo de MANUEL DE ANDRADE, PIRES DE LIMA, PAULO CUNHA e VAZ SERRA. A Parte Geral, onde se contém a matéria atinente às *pessoas singulares*, ficou a cargo de MANUEL DE ANDRADE, coadjuvado por FERRER CORREIA. Os trabalhos da Comissão foram, porém, significativamente alterados, por PIRES DE LIMA e ANTUNES VARELA, designado Ministro da Justiça a partir de 1955 e a quem se devem 2 projectos globais (o de 1963 e o de 1965, conhecidos como 1ª e 2ª revisões ministeriais) e, em 1966, um Projecto Definitivo, o qual, depois de discussão pública, deu origem ao actual Código Civil. A matéria das *pessoas* não fugiu à regra e os projectos elaborados por MANUEL DE ANDRADE foram objecto de profundas modificações, nas 1.ª e 2.ª revisões.

IV. O Código Civil de 1966 assenta na estrutura da relação jurídica – pessoas, bens e factos jurídicos, em especial os negócios jurídicos. É nessa perspectiva que se compreende a matéria das pessoas, cujo regime se inicia no preceito sob anotação: a *pessoa*, enquanto indivíduo, carece de *bens* que *movimenta*, para sobreviver e se expandir. É nessa perspectiva que se articula o regime jurídico dedicado à *pessoa*, nomeadamente à *pessoa singular*. Trata-se, eventualmente, de uma visão redutora, assente numa técnica despersonalizadora, que não acentua a tutela das pessoas e que se insere no âmbito de uma lógica que compreende a relação entre os cidadãos como necessariamente justa e equilibrada. À luz da teoria da relação jurídica, a pessoa passa a ser vista e tratada como (mais) um dos elementos que integram a relação jurídica, a par das coisas e dos factos jurídicos. A técnica da relação jurídica e a sistematização adoptada no Código Civil não devem, todavia, fazer esquecer o essencial – o Direito, enquanto obra humana, existe para as pessoas.

V. O preceito sob anotação, que estabelece o *começo da personalidade*, tem como antecedente histórico o artigo 6.º do Código Civil de 1867 (Código de Seabra), o qual, inserido sistematicamente no Título I – *Da capacidade civil e da lei que a regula em geral* – da Parte I – *Capacidade civil* – dispunha que «*a capacidade jurídica adquire-se plo nascimento; mas o indivíduo, logo que é procreado, fica debaixo da protecção da lei, e tem-se por nascido para os efeitos declarados no presente Código*». O artigo 6.º do Código de Seabra não encerrava, todavia, um regime completo, a propósito do começo da personalidade – enquanto que o artigo 6.º exigia para efeitos de aquisição da personalidade jurídica o *nascimento*, o artigo 1479.º do mesmo diploma aludia por sua vez ao *nascimento com vida*, ao passo que os artigos 110.º e 1776.º exigiam *o nascimento com vida e com figura humana*. À luz destes preceitos, a capacidade jurídica, adquirida apenas através do nascimento completo, com vida e sob figura humana, retroagia até à data presumível da concepção, cabendo ao indivíduo nascido os direitos que lhe houvessem sido deferidos dentro do prazo dos 300 dias anteriores ao seu nascimento (artigos 101.º e 1776.º). Conforme indicava a doutrina da época, a capacidade jurídica não se adquiria com a procriação; reconhecia-se ao procriado, apenas, sob condição de nascer com vida e com figura humana, todos os direitos que lhe tinham sido deferidos durante a gestação como se fora nascido, ficando desde a procriação até ao nascimento sob a protecção da lei (cf. José Dias Ferreira, *Código Civil Portuguez Annotado*, I, 2.ª ed., Coimbra, Imprensa da Universidade, 1894, pp. 11 e ss). O conceito de personalidade jurídica surgia, por sua vez, no artigo 1.º do Código de Seabra, por força da seguinte regra: «*só o homem é susceptível de direitos e obrigações. Nisto consiste a sua capacidade jurídica, ou a sua personalidade*».

Tratou-se, na época, de um preceito de uma importância extrema, de claro tendor anti-esclavagista. Com o Código de Seabra reconheceu-se, enfim, que a civilização jurídica não reconhece homens sem personalidade jurídica, i.e., sem possuírem direitos absolutos. Todas as pessoas gozam necessariamente de personalidade jurídica.

VI. O preceito sob anotação tem subjacente o conceito de *personalidade jurídica*, contrapondo-se ao de *capacidade jurídica* a que se refere o artigo 67.º (a propósito da confusão entre os conceitos de *personalidade* e *capacidade*, presente nos artigos 66.º e 67.º do Código Civil, e da necessidade de se diferenciarem e afinarem tais noções à luz de uma interpretação actualista, veja-se MENEZES CORDEIRO, *Tratado de Direito Civil Português*, I, Parte Geral, Tomo III, Pessoas, Almedina, 2004, pp. 296-297). A dicotomia entre os dois conceitos compreende-se, genericamente, no seguinte sentido: a *personalidade jurídica* consubstancia um conceito qualitativo – a qualidade de ser pessoa e a susceptibilidade de se ser titular de direitos e obrigações – ao passo que a *capacidade jurídica* encerra um conceito quantitativo – a medida das situações jurídicas de que uma pessoa pode ser titular. A *personalidade jurídica* traduz a susceptibilidade de se ser titular de direitos e obrigações, abrangendo, consequentemente, quer a pessoa singular (biológica), quer as pessoas colectivas, ainda que a forma de atribuição da personalidade jurídica varie em ambos os casos: tratando-se de uma pessoa singular, o Direito limita-se a reconhecer personalidade jurídica ao ser humano; na medida em que se trate de uma pessoa colectiva, mais do que um simples reconhecimento, está verdadeiramente em causa a atribuição de personalidade jurídica. Entre a personalidade jurídica e a pessoa singular existe uma relação directa: a personalidade jurídica, enquanto conceito qualitativo, mostra-se necessariamente associada a toda e qualquer pessoa, independentemente, portanto, da sua origem, ascendência, raça, sexo ou religião (quanto à ideia de personalidade enquanto elemento qualitativo – *a personalidade é a qualidade de ser pessoa* veja-se CABRAL DE MONCADA, *Lições de Direito Civil*, 4ª ed., Almedina, Coimbra, 1995, p. 250.). A susceptibilidade de ser titular de direitos e obrigações, de situações jurídicas vantajosas e desvantajosas, é uma consequência que decorre necessariamente da personalidade humana. O Direito limita-se, enfim, a reconhecê-la. Trata-se de um dado extrajurídico, que se impõe ao Direito [cf. PEDRO PAIS DE VASCONCELOS, *Teoria Geral do Direito Civil*, 3ª ed., Almedina, Coimbra, 2005, p. 35. No mesmo sentido e alertando para os perigos de uma concepção segundo a qual os direitos de personalidade são atribuídos (e não reconhecidos) pelo Direito, HEINRICH EWALD HÖRSTER, *A Parte Geral do Código Civil Português – Teoria Geral do Direito Civil*, Almedina, Coimbra, 1992, pp. 110 e ss.]. O Código Civil reconhece, pois, a todas as pessoas singulares, pelo simples facto de o serem, personalidade jurídica, ou a susceptibilidade de serem titulares de direitos e obrigações. A personalidade jurídica é uma simples consequência do facto de se ser pessoa.

VII. O preceito sob anotação estabelece, no número 1, o momento da aquisição da personalidade jurídica – *a personalidade adquire-se no momento do nascimento completo e com vida*. Trata-se, claramente, de uma tomada de posição face ao regime do antecedente Código de Seabra: todos aqueles que nasçam (i.e., depois da separação do feto ao útero materno) e com vida (excluindo-se, pois, os «nados mortos», mas incluindo os «nados vivos» portadores de deficiência, ainda que letal), adquirem automaticamente personalidade jurídica. Confrontando-se o preceito sob anotação com o regime emergente dos artigos 6.º, 110.º, 1479.º e 1776.º do Código Civil de Seabra, torna-se claro que o legislador de 1966 dispensou um terceiro requisito antes enunciado naquele diploma, para efeitos de reconhecimento da personalidade jurídica – a exigência do nascimento de uma «figura humana». O preceito sob anotação não esclarece, todavia, o conceito de *«nascimento completo»*: trata-se de um conceito indeterminado, que apela, consequentemente, aos ensinamentos da Ciência Médica. O corte do cordão umbilical funcionará, em regra, como a bitola que permite apurar o nascimento completo. Todavia, outras hipóteses existirão, perifericamente, que poderão ser admitidas enquanto tal, ainda que não haja sido efectuado o aludido corte.

VIII. Importa registar, por outro lado, que o legislador de 1966 não reconheceu expressamente personalidade jurídica pré-natal [(cf. PIRES

DE LIMA, ANTUNES VARELA, *Código Civil Anotado*, 1.º Volume, 4.ª ed., 1987, p. 102 (anotação 2 ao artigo 66.º); CARLOS MOTA PINTO, *Teoria Geral do Direito Civil*, 3.ª ed. Actualizada, Coimbra, 1996, p. 199-202; CASTRO MENDES, *Teoria Geral do Direito Civil*, I, 1978 (reimp. 1986), pp. 105-109)]. Da fórmula do artigo 66.º, n.º 2, («*os direitos que a lei reconhece aos nascituros dependem do seu nascimento*») e da sua conjugação com o disposto nos artigos 952.º e 2033.º, parece resultar, apenas, a possibilidade de serem feitas doações aos nascituros (i.e., aos seres humanos concebidos e ainda não nascidos), bem como o reconhecimento aos mesmos de capacidade sucessória. Tal reconhecimento, todavia, não é suficiente, em termos de direito constituído, para que se possa afirmar que do actual Código Civil resulta uma personalidade jurídica pré-natal, pelo menos em termos abrangentes. Por duas razões: por um lado, na medida em que fundar tal personalidade jurídica na capacidade sucessória dos nascituros teria por efeito o reconhecimento, também, de personalidade jurídica aos concepturos (i. e., aos que ainda não foram concebidos), dado que também estes têm capacidade sucessória (artigo 2033.º, n.º 1), o que se afigura juridicamente insustentável; por outro lado, na medida em que o art. 66.º, n.º 2, é relativamente cristalino, quando afirma que os direitos que a lei reconhece aos nascituros dependem do seu nascimento, i.e., da verificação de um evento futuro e incerto – condição legal suspensiva. Afigura-se, pois, que o regime vertido no Código Civil não reconhece expressamente personalidade jurídica ao nascituro. Tal constatação não põe em causa, porém, quer em sede de direito a constituir, quer, para alguns, à luz de uma interpretação actualista, a possibilidade de se defender a qualificação do nascituro como pessoa jurídica e a existência de personalidade jurídica pré-natal, pelo menos no que tange à titularidade do direito à integridade física, à vida intra-uterina e ao desenvolvimento desta tendo em vista o nascimento completo com vida extra-uterina (cf., nomeadamente, MENEZES CORDEIRO, *Tratado de Direito Civil Português*, I, Parte Geral, Tomo III, ob. cit., pp. 297-306 e, particularmente quanto à «tutela pré-natal», pp. 257-293, e PEDRO PAIS DE VASCONCELOS, *Teoria Geral do Direito Civil*, ob. cit., pp. 70-82, em especial pp. 80-81 – o Autor defende que o nascituro, desde a concepção, já é titular de direitos de personalidade, entre os quais «o direito a viver, à identidade pessoal e genética, à integridade genética e física»). Trata-se de uma questão em aberto. Ontologicamente, encontra-se suficientemente sedimentada a ideia segundo a qual um embrião não é uma coisa, mas sim um ser humano em formação, que apresenta sinais de vida, com características próprias e únicas que o distinguem perante terceiros. Neste contexto, ainda que juridicamente, à luz do preceito sob anotação, não se extraia literalmente a existência da correlativa personalidade jurídica em toda a sua plenitude, parece ser de admitir, pelo menos, a existência de um direito à vida do nascituro (a propósito do início da personalidade no momento da concepção, enveredando pela sua defesa em termos mais abrangentes, veja-se, nomeadamente, MÁRIO BIGOTTE CHORÃO, «O problema da natureza e tutela jurídica do embrião humano à luz de uma concepção realista e personalista do Direito», in O Direito, 123 (1991), pp. 571-578; DIOGO LEITE DE CAMPOS, «O estatuto jurídico do nascituro», in Revista da Ordem dos Advogados, 1996, pp. 877-886. Ainda a propósito desta matéria, designadamente da condição jurídica dos nascituros, veja-se PAULO OTERO, Personalidade e Identidade Pessoal e Genética do Ser Humano, Almedina, Coimbra, 1999, pp. 34-35, e CAPELO DE SOUSA, Teoria Geral do Direito Civil, Almedina, 2003, pp. 262-283).

ARTIGO 67.º
(Capacidade jurídica)

As pessoas podem ser sujeitos de quaisquer relações jurídicas, salvo disposição legal em contrário; nisto consiste a sua capacidade jurídica.

I. O preceito sob anotação, quando conjugado com o artigo 66.º, permite a distinção entre os conceitos de *personalidade jurídica*, a que se refere o referido preceito, e o de *capacidade jurídica*, que se retira do presente preceito. O essencial reside no seguinte: a *personalidade jurídica* consubstancia um conceito qualitativo – está em causa a susceptibilidade de se ser titular de direitos e obrigações – ao passo que a *capacidade jurídica* encerra um conceito quantitativo – trata-se do *quantum* das situações jurídicas de que uma pessoa pode ser titular. Dentro da categoria *capacidade jurídica* é possível, ainda, descortinar duas variantes – a *capacidade de gozo*, que traduz a medida das situações jurídicas de que alguém pode ser titular – e a *capacidade de exercício* – que mede a susceptibilidade de alguém praticar, de forma livre e pessoal, i.e., por si só, actos e negócios jurídicos. À luz desta trilogia, pode-se avançar no seguinte sentido: todo o ser humano é necessariamente titular de *personalidade jurídica* – pelo simples facto de nascer com vida, torna-se um centro de imputação de situações jurídicas activas e passivas; todo o ser humano é necessariamente titular de *capacidade de gozo* – pelo simples facto de nascer com vida é titular, pelo menos, de situações activas emergentes da sua personalidade jurídica, consistentes nos «direitos de personalidade», admitindo-se ainda que possa ser titular de direitos de diferente natureza, nomeadamente patrimoniais (*v.g.*, direito de propriedade); nem todos os seres humanos, todavia, são titulares de *capacidade de exercício*, ou da capacidade de exercer de forma livre e pessoal os direitos de que são titulares. Pense-se num menor ou, com mais propriedade ainda, num recém-nascido: é titular de *personalidade jurídica* na sequência do seu nascimento completo e com vida (artigo 66.º); é titular, também, de *capacidade de gozo*, ainda que limitada [não tem capacidade para casar (artigo 1601.º, alínea *a*)) nem para testar (artigo 2189.º, alínea *a*))]; não é titular, todavia, de *capacidade de exercício*, por ser menor, devendo a sua incapacidade de exercer de forma livre e pessoal os direitos de que é titular ser suprida pelo poder paternal e, subsidiariamente, pela tutela (artigos 122.º, 123.º e 124.º, para cuja anotação se remete). O preceito sob anotação refere-se, tão somente, à *capacidade de gozo* (a propósito da distinção entre capacidade de gozo e de exercício, veja-se PEDRO PAIS DE VASCONCELOS, *Teoria Geral do Direito Civil*, 3.,ª ed., Almedina, 2005, pp. 89-90, e LUÍS CARVALHO FERNANDES, *Teoria Geral do Direito Civil*, I, 3.ª ed., 2001, pp. 124-125).

II. A contraposição entre *personalidade jurídica* e *capacidade jurídica* apenas se sedimentou com o actual Código Civil. No Código de Seabra, *personalidade jurídica* e *capacidade jurídica* surgiam no mesmo plano, num fenómeno de «confusão jurídica». O artigo 1.º do

Código de Seabra dispunha que «*Só o homem é susceptível de direitos e obrigações. N'isto consiste a sua capacidade jurídica, ou a sua personalidade*». *Personalidade jurídica* e *capacidade jurídica* eram definidas, qualquer uma delas, à luz de um conceito qualitativo, não sendo dissociadas. A separação entre os dois conceitos e o aproveitamento das suas reais potencialidades surge apenas na vigência daquele diploma, por via doutrinária (cf. PAULO CUNHA, *Teoria Geral de Direito Civil*, 1971/1972, p. 14). Pelo contrário, o actual Código Civil, não obstante não distinguir de forma cristalina os conceitos de *personalidade jurídica* e os de *capacidade jurídica* de *gozo* e de *exercício*, permite que se envrede pela contraposição *supra* enunciada, nos seguintes termos: a *personalidade jurídica*, enquanto conceito qualitativo, encontra-se no artigo 66.º acima anotado; a *capacidade de gozo*, que traduz a quantidade de situações jurídicas (*quaisquer* situações jurídicas) de que alguém pode ser titular, ancora no artigo sob anotação; a *capacidade de exercício*, enquanto conceito que manda atender à quantidade de situações jurídicas que podem ser exercidas de forma livre e pessoal pelo respectivo titular, vem tratada, pela negativa, no regime das incapacidades, previsto nos artigos 122.º e ss..

III. Ao aludir à circunstância de as pessoas poderem ser sujeitos de *quaisquer* relações jurídicas, *salvo disposição legal em contrário*, o legislador enfatiza a ideia de que as pessoas só não podem ser titulares das situações jurídicas que por lei não lhe sejam acessíveis. Parte-se de uma ideia de permissividade, relegando-se para situações excepcionais e resultantes de previsões normativas específicas as hipóteses de incapacidade de gozo. Assim acontece com o casamento – os menores com idade inferior a 16 anos não podem casar (artigo 1601.º, alínea *a*)) e com o testamento – os menores não emancipados são incapazes de testar (artigo 2189.º). Não está em causa, nestas duas hipóteses, uma situação de ausência de *personalidade jurídica* – apesar de não poderem casar nem testar, os menores, como qualquer ser humano, são titulares de *personalidade jurídica*; mas também não está em jogo, apenas, uma simples *incapacidade de exercício* – os menores não têm sequer, capacidade (*de gozo*) para casar ou para testar, não se colocando a questão do respectivo suprimento.

ARTIGO 68.º
(Termo da personalidade)

1. A personalidade cessa com a morte.
2. Quando certo efeito jurídico depender da sobrevivência de uma a outra pessoa, presume-se, em caso de dúvida, que uma e outra faleceram ao mesmo tempo.
3. Tem-se por falecida a pessoa cujo cadáver não foi encontrado ou reconhecido, quando o desaparecimento se tiver dado em circunstâncias que não permitam duvidar da morte dela.

I. A *personalidade jurídica* adquire-se no momento do nascimento completo e com vida (artigo 66.º) e cessa com a morte. Do preceito sob anotação resulta que a morte, enquanto facto jurídico, acarreta como efeito primário o termo da *personalidade jurídica*. O *de cujos* não é susceptível de ser titular de direitos e obrigações. A morte de um ser humano tem por efeito, consequentemente, o desaparecimento da *personalidade jurídica* que o acompanhou, durante a sua vida, enquanto centro autónomo de imputação de normas jurídicas (cf. MENEZES CORDEIRO, *Tratado de Direito Civil Português*, I, Parte Geral, Tomo III, ob. cit., pp. 437-447). Para além deste efeito primário, a morte determina também a cessação das situações activas de personalidade, i.e., dos direitos de personalidade do *de cujos* (artigos 70.º e ss., para cuja anotação se remete), a extinção dos respectivos direitos pessoais (*v.g.*, a extinção do casamento – artigo 1788.º) e a abertura do fenómeno sucessório (cf. artigos 2024.º a 2334.º). Nos termos do artigo 71.º (para cuja anotação se remete) «*os direitos de personalidade gozam igualmente de protecção depois da morte do respectivo titular*». Trata-se de uma fórmula que se presta a equívocos, mas que não é suficiente para fundamentar uma pretensa manutenção ou prolongamento da personalidade para além da morte. A personalidade cessa com a morte, como resulta claro do preceito sob anotação. Com a cessação da personalidade cessam, por maioria de razão, os direitos de personalidade que se inscreviam na respectiva esfera jurídica. A tutela *post mortem*, a que se refere o artigo 71.º, não nos pode afastar do essencial nem pôr em causa uma evidência jurídica: o sentido útil do mencionado preceito reside apenas numa protecção conferida aos familiares do *de cujos* (veja-se também, a propósito desta matéria, CAPELO DE SOUSA, *Teoria Geral do Direito Civil*, Almedina, 2003, pp.283-292).

II. A determinação do momento da morte, face aos avanços da Ciência Médica, é problemática. Historicamente, a morte estava associada à paragem dos batimentos cardíacos. As actuais técnicas de prolongamento artificial da vida, nomeadamente as que permitem a sustentação artificial das funções cárdio-circulatórias e respiratória, põem em causa aquela certeza, passando a dar-se maior ênfase à vida cerebral. A Lei n.º 141/99, de 28 de Agosto, determina, entre nós, que «*a morte corresponde à cessação irreversível das funções do tronco cerebral*». Ficam abrangidas, por esta via, as situações de coma irreversível, sem regresso à vida cerebral. Ainda assim não se trata de um dogma absoluto, muito menos intemporal. Por isso mesmo, a referida Lei n.º 141/99, determina que a Ordem dos Médicos deve definir, manter actualizados e divulgar os critérios médicos, técnicos e científicos da verificação da morte (artigo 3.º, n.º 2).

III. A determinação do momento da morte é juridicamente relevante, nomeadamente para efeitos sucessórios (cf. artigos 2024.º a 2334.º). Pode acontecer, todavia, que várias pessoas morram em condições similares (*v.g.* num desastre rodoviário), sem que se consiga apurar, em concreto, qual delas faleceu em primeiro lugar. Quando assim seja, não resta ao Direito outra solução que não seja a de recorrer a presunções legais. O número 2 do preceito sob anotação estabelece uma presunção de *comoriência*, mantendo a tradição do Código de Seabra, no qual se determinava que «*se o autor da herança, e os seus herdeiros, ou legatários, perecerem no mesmo desastre, ou no mesmo dia, sem que se possa averiguar quaes foram os que se finaram primeiro, reputar-se-hão fallecidos todos ao mesmo tempo, e não se verificará entre elles a transmissão da herança, ou do legado*» (artigo 1738.º). Assim, quando certo efeito jurídico depender da sobrevivência de uma a outra pessoa e quando hajam dúvidas quanto ao momento da respectiva morte, presume-se que ambas faleceram ao mesmo tempo. Evitam-se, assim, transmissões entre os falecidos que morreram nas mesmas circunstâncias, sem que se saiba qual deles perdeu a vida em primeiro lugar. A presunção em causa é *juris tantum*, ilidível nos termos gerais (artigo 350.º, n.º 2).

IV. O número 3 do preceito sob anotação tem em vista as situações em que o cadáver do falecido não é encontrado, ou não está em condições de ser reconhecido. Quando assim seja e quando o desaparecimento do visado se tiver dado em circunstâncias tais que não permitam duvidar da respectiva morte, a pessoa tem-se por falecida, para todos os efeitos legais. Trata-se da habitualmente denominada *morte declarada*, por oposição à *morte presumida* a que se refere o artigo 114.º. As hipóteses de *morte declarada* ocorrem, nomeadamente, nos casos previstos no Código do Registo Civil, aprovado pelo Decreto-Lei n.º 131/95, de 6 de Junho:

- falecimento com queda à água ou no espaço, sem que o cadáver seja encontrado (artigo 204.º, n.º 2);
- acidente sem que os cadáveres tenham sido encontrados ou hajam sido destruídos ou só apareçam despojos insusceptíveis de ser individualizados ou sendo impossível chegar até aos corpos (artigo 207.º, n.º 1);
- naufrágio, em termos equivalentes (art. 208.º, n.º 1).

ARTIGO 69.º
(Renúncia à capacidade jurídica)

Ninguém pode renunciar, no todo ou em parte, à sua capacidade jurídica.

O preceito sob anotação afirma a irrenunciabilidade da *capacidade jurídica*, total ou parcial. Estará em causa também, por argumentos de maioria de razão, a própria irrenunciabilidade da *personalidade jurídica* e dos direitos de personalidade (veja-se, a este propósito, a anotação ao artigo 81.º). Trata-se de um dado a reter e que ancora na «ideia de Direito» e nas exigências ético-jurídicas dela decorrentes.

SECÇÃO II – Direitos de Personalidade

ARTIGO 70.º
(Tutela geral da personalidade)

1. A lei protege os indivíduos contra qualquer ofensa ilícita ou ameaça de ofensa à sua personalidade física ou moral.
2. Independentemente da responsabilidade civil a que haja lugar, a pessoa ameaçada ou ofendida pode requerer as providências adequadas às circunstâncias do caso, com o fim de evitar a consumação da ameaça ou atenuar os efeitos da ofensa já cometida.

I. O artigo 70.º inaugura a matéria atinente aos direitos de personalidade, que se estende ao longo da Secção II (*Direitos de personalidade*), do Capítulo I (*Pessoas singulares*), do Subtítulo I (*Das pessoas*), do Título II (*Das relações jurídicas*) do Livro I (*Parte Geral*). No total, a matéria dos direitos de personalidade articula-se em onze artigos (artigos 70.º a 81.º), com campos de aplicação diferenciados: no artigo sob anotação, proclama-se a tutela geral da personalidade; nos artigos 71.º e ss., tipificam-se alguns direitos de personalidade em especial; no artigo 81.º, dispõe-se a propósito da limitação voluntária dos direitos de personalidade.

II. A matéria dos direitos de personalidade é determinante numa lógica de protecção da dignidade humana, assumindo uma importância crescente na sociedade hodierna, com reflexos na doutrina e jurisprudência nacionais (A propósito da matéria dos direitos de personalidade, em geral, veja-se MENEZES CORDEIRO, *Tratado de Direito Civil Português*, I, Parte Geral, Tomo III, Pessoas, Almedina, 2004, pp. 29-216, e «Os direitos de personalidade na civilística portuguesa», *in Estudos em Homenagem ao Professor Doutor Inocêncio Galvão Telles*, Almedina, Coimbra, 1.º volume, 2202, pp. 21-45; OLIVEIRA ASCENSÃO, *Direito Civil, Teoria Geral*, Volume I, 2.ª ed., *Introdução, As Pessoas, os Bens*, Coimbra, 2002, pp. 63-114; PEDRO PAIS DE VASCONCELOS, *Teoria Geral do Direito Civil*, 3.ª ed. Almedina, 2005, pp. 38-70; CARVALHO FERNANDES, *Teoria Geral do Direito Civil,* Volume I, 2.ª ed., Lex, Lisboa, 1995, pp. 187-195; CASTRO MENDES, *Teoria Geral do Direito Civil,* I, 1978 (reimp. 1986), pp. 310-315; CARLOS MOTA PINTO, *Teoria Geral do Direito Civil,* 3.ª ed. Actualizada, Coimbra, 1996, pp. 84-88; CAPELO DE SOUSA, *O Direito Geral de Personalidade*, Coimbra, 1995; e *Teoria Geral do Direito Civil,* Almedina, 2003, pp. 262 e ss.; DIOGO LEITE DE CAMPOS, *Lições de Direito de Personalidade*, 2.ª ed., 1992 e «O Direito e os direitos de personalidade», *in Revista da Ordem dos Advogados,* 1993, pp. 201-224; PAULO MOTA PINTO, «O direito à reserva da intimidade da vida privada», *in* Boletim da Faculdade de Direito, LXIX (1993), pp. 479-485).

III. Enquanto titular de situações jurídicas, facto que decorre automaticamente do reconhecimento da personalidade jurídica (cf. artigo 66.º, para cuja anotação se remete), a pessoa é, necessariamente, titular de situações jurídicas (activas) de personalidade, que se prendem com bens de personalidade atinentes à própria pessoa tutelada e que se relacionam, nomeadamente, com a sua vida, integridade física e moral, honra, bom nome, privacidade e imagem. É neste domínio que se compreendem os direitos de personalidade e o particular regime de tutela que lhes está associado: os direitos de personalidade traduzem, no essencial, direitos subjectivos que recaem sobre bens pessoalíssimos e que projectam a própria personalidade humana. Trata-se, consequentemente, de *direitos pessoais*, que podem ter por objecto bens tão díspares como o direito à vida, à integridade física ou ao nome; de *direitos pessoalíssimos*, porquanto intransmissíveis; de *direitos absolutos,* no sentido em que devem ser respeitados por todos, independentemente, portanto, de qualquer relação jurídica; e de direitos que traduzem uma *excepcional dignidade ética,* que justifica o regime de tutela reforçado que lhes está associado. Os direitos de personalidade podem, ainda, numa classificação possível, distinguir-se entre direitos de personalidade *necessários*, quando decorram da própria existência humana (*v.g.* direito à vida, à integridade física ou à integridade moral), ou direitos de personalidade *eventuais,* quando dependam, em concreto, da verificação na esfera jurídica do respectivo titular de determinados bens de personalidade (por exemplo, o direito ao nome depende da atribuição prévia de um nome à pessoa em causa; o direito à confidencialidade das cartas missivas depende da existência das mesmas – veja-se, a este propósito, MENEZES CORDEIRO, *Tratado de Direito Civil Português*, I, Parte Geral, Tomo III, Pessoas, Almedina, 2004, pp. 101-103).

IV. Os direitos de personalidade distinguem-se de situações de vantagem afins, designadamente dos *direitos fundamentais*, dos *direitos originários*, dos *direitos do Homem*, dos *direitos pessoalíssimos* e dos *direitos pessoais* (a propósito da distinção entre os direitos de personalidade e outras situações de vantagem que com ele se assemelham, veja-se, designadamente, CASTRO MENDES, *Teoria Geral do Direito Civil*, I, 1978 (reimp. 1986), pp. 310 e ss.; MENEZES CORDEIRO, *Tratado de Direito Civil Português*, ob. cit., pp. 83-91; OLIVEIRA ASCENSÃO, Direito Civil, *Teoria Geral*, ob. cit., pp.67-68), nos seguintes termos:

a) *Direitos fundamentais* são os que se mostram formalmente contemplados na Constituição. O critério que os delimita é o da fonte da sua atribuição. São direitos fundamentais os que se mostram inseridos, entre nós, no elenco dos *direitos, liberdades e garantias* e dos *direitos económicos, sociais e culturais*, respectivamente previstos nos Títulos II e III da Parte I (Direitos e Deveres Fundamentais) da Constituição da República Portuguesa (Constituição). Por outro lado e não obstante a eficácia civil dos direitos fundamentais, hoje plenamente reconhecida (a propósito da eficácia civil dos direitos fundamentais, veja-se GUILHERME DRAY, *O Princípio da Igualdade no Direito do Trabalho*, Almedina, Coimbra, 1999, pp. 130 e ss.), a origem dos mesmos é diversa da dos *direitos de personalidade*. Os *direitos fundamentais* foram criados e concebidos tendo em vista a tutela das esferas privadas perante ingerências do poder político – trata-se de direitos dos indivíduos face ao Estado; os *direitos de personalidade*, pelo contrário, atendendo ao seu profundo sentido ético, não se circunscrevem a relações de natureza vertical – impõem-se a todos os níveis e em todas as direcções, designadamente nas relações de direito privado;

b) *Direitos originários* são todos aqueles que o Direito se limita reconhecer, por serem inatos, originários, ou primitivos. Trata-se de uma categoria trazida pelo jusracionalismo e pela Revolução Francesa. O critério que os distingue é o da pré-positividade: a sua existência existe independentemente e para além de qualquer previsão normativa específica. Os *direitos de personalidade*, pelo contrário, podem variar ao sabor da ordem jurídica, não obstante o seu significativo conteúdo ético, admitindo-se a existência de direitos de personalidade eventuais (*v.g.* direito à confidencialidade das cartas-missivas), i.e., que não estão necessariamente associados ao nascimento da pessoa;

c) *Direitos do Homem* são no essencial os que resultam dos catálogos de direitos dos Tratados e Convenções Internacionais. Abrangem não apenas os direitos originários como, também, todo um conjunto de direitos considerados universais e fundamentais pela comunidade jurídica internacional. Assim sucede, nomeadamente, com alguns direitos enumerados na *Declaração Universal dos Direitos do Homem*, onde se proclamam, entre outros, o direito à igualdade, à vida, à liberdade, à segurança pessoal, à justiça, ao trabalho (veja-se, a propósito deste e de outros tratados, JORGE MIRANDA, *Direitos do Homem*, Petrony, 1989). O critério que os distingue, relativamente aos *direitos de personalidade*, é o da respectiva titularidade: são direitos de todos os homens, independentemente da sua origem, raça, sexo, religião ou convicções;

d) *Direitos pessoalíssimos* são todos aqueles que não podem ser transferidos, cedidos ou transmitidos, independentemente, portanto, do conteúdo ético que os possa dominar. O critério é o da intransmissibilidade. Falta-lhes (ou pode faltar-lhes) o conteúdo ético que domina os direitos de personalidade;

e) *Direitos pessoais* são os que se reportam a bens pessoais ou não patrimoniais. O critério que os anima é, portanto, o da (não) patrimonialidade. Os direitos de personalidade são direitos pessoais. Nem todos os direitos pessoais, porém, são direitos de personalidade. Tudo passa pela existência (ou não), do aludido conteúdo ético.

V. Entre nós e no que tange às codificações civis, a preocupação em torno da tutela de um conjunto basilar de direitos das pessoas, atinentes aos bens de personalidade, remonta ao Código de Seabra, a propósito dos então denominados *direitos originários,* cujo regime precede o dos *direitos de personalidade* (a propósito da experiência e evolução portuguesa em torno dos direitos de personalidade, veja-se MENEZES CORDEIRO, *Tratado de Direito Civil Português*, ob. cit., pp. 49-62, e «Os direitos de personalidade na civilística portuguesa», *in Estudos em Homenagem ao Professor Doutor Inocêncio Galvão Telles*, ob. cit., pp. 21-35).

VI. No Código de Seabra, a matéria dos *direitos originários* tinha a sua consagração nos artigos 359.º e ss., inseridos no Título I (*Direitos originários*), do Livro I (*Dos direitos originários e dos que se adquirem por facto e vontade própria independentemente da cooperação de outrem*), da Parte II (*Aquisição de Direitos*). Nos termos do artigo 359.º, os direitos originários eram definidos como sendo aqueles «*que resultam da própria natureza do homem, e que a lei civil reconhece, e protege como fonte e origem de todos os outros. Estes direitos são:*

1.º – o direito de existência
2.º – o direito de liberdade
3.º – o direito de associação
4.º – o direito de apropriação
5.º – o direito de defesa».

VII. O *direito de existência* compreendia a vida e a integridade pessoal do homem, mas também o seu bom nome e reputação, em que consiste a sua dignidade moral (artigo 360.º). O *direito de liberdade* consistia no livre exercício das faculdades psíquicas e intelectuais, e compreendia o pensamento, a expressão e a acção (artigo 361.º). O *pensamento do homem* tinha-se por inviolável (artigo 362.º). O *direito de expressão* tinha-se por livre, como o pensamento; mas o que dele abusasse, em prejuízo da sociedade ou de outrem, seria responsável em conformidade das leis (artigo 363.°) – a este propósito, o Código reconhecia, nomeadamente, a liberdade de imprensa (artigo 570.°). O *direito de acção* consistia na faculdade de praticar livremente quaisquer actos, mas o que dele abusasse, atentando contra os direitos de outrem ou da sociedade, seria responsável, nos termos da lei (artigo 364.°). O *direito de associação* consistia na faculdade de pôr em comum os meios ou esforços individuais, para qualquer fim, que não prejudicasse os direitos de outrem ou da sociedade (artigo 365.°). O *direito de apropriação* consistia na faculdade de adquirir tudo o que fosse conducente à conservação da existência e à manutenção e melhoramento da própria condição. Tratava-se do direito de propriedade (artigo 366.°). O *direito de defesa* consistia na faculdade de obstar à violação dos direitos naturais ou adquiridos (367.°). O artigo 368.° concluía o elenco de direitos originários, afirmando a sua natureza inalienável e que estes só podiam ser *limitados por lei formal e expressa*. A violação dos mesmos determinava, numa fórmula singela, a obrigação de reparar a ofensa (artigo 2361.°).

VIII. O regime dos direitos originários consubstanciava, para a doutrina da época, «*uma espécie de tutela de direitos, que constituem parte integrante da personalidade humana, e que são a origem primordial e o princípio gerador de todas as obrigações jurídicas, e de todas as responsabilidades*» (cf. DIAS FERREIRA, Código Civil Portuguez Annotado, 1.° Volume, 2.ª ed., 1894, p. 253). A utilidade desta consagração normativa era, porém, questionada: para alguns, tratava-se apenas de «*uma collecção de maximas jurídicas e de princípios philosophicos, perfeitamente dispensável*» (cf. DIAS FERREIRA, Código Civil Portuguez Annotado, ob. cit., p. 253), ou *francamente inútil* (cf. ABEL DE ANDRADE, Commentario ao Codigo Civil Portuguez, I, 1895, pp. 5 e ss.); para outros, que constituíam uma minoria, tais direitos tinham um papel importante a desempenhar (cf. CUNHA GONÇALVES, Tratado de Direito Civil, 3.° vol., 1930, pp. 8 e ss.). Os *direitos originários*, mal acolhidos pela doutrina, passaram quase despercebidos na jurisprudência anterior ao actual Código Civil [veja-se, a propósito da evolução da jurisprudência portuguesa neste domínio, MENEZES CORDEIRO, Tratado de Direito Civil Português, ob. cit.,pp. 63-74; a propósito da jurisprudência anterior ao actual Código Civil, o Autor enumera dois arestos, ambos da Relação de Lisboa (Rel. Lx) e relacionados com o *direito à existência* previsto no artigo 360.º do Código de Seabra, – cf. Acórdãos. da Rel. Lx, de 1 de Fevereiro de-1957, in BMJ 67 (1957), pp. 307-310; e de 2 de Março de 1960, in JR, (1960), 1, pp. 225-228].

IX. A importância hoje reconhecida aos *direitos de personalidade* é significativamente maior do que aquela que se atribuía aos *direitos originários*. Vários factores contribuíram para o reconhecimento acrescido dos direitos de personalidade, relativamente ao que se verificava ao abrigo do Código de Seabra. Por um lado, por força do florescimento de alguns direitos de personalidade no próprio texto constitucional de 1976. Em segundo lugar, porque a tutela conferida no Código Civil aos direitos de personalidade transcende, em larga escala, o regime de (mera) responsabilidade civil constante do artigo 2361.º Código de Seabra. Em terceiro lugar, por força do recente alastramento dos direitos de personalidade a outras áreas e a alguns ramos de direito privado especial, nomeadamente ao Direito do Trabalho. Em quarto lugar, em virtude dos avanços doutrinários e jurisprudenciais que se registaram a este nível.

X. Actualmente, entre nós, à semelhança do que sucede na generalidade dos Estados contemporâneos, o regime dos direitos de personalidade não pode ser dissociado do texto constitucional. A Constituição de 1976, na linha das leis fundamentais do pós-segunda guerra mundial, desenvolveu a matéria dos direitos fundamentais de forma marcante, quer no confronto com o texto constitucional de 1933, quer com outros textos constitucionais de Estados contemporâneos. Na base, encontra-se o artigo 1.º da Constituição, do qual resulta um apelo directo à protecção da dignidade da pessoa humana (art. 1.º). Seguem-se-lhe no mesmo rumo o artigo 13.º, a propósito da igualdade e não discriminação, bem como um elenco subsequente de direitos, liberdades e garantias [Parte I (*Direitos e deveres fundamentais*), Título II (*Direitos, liberdades e garantias pessoais*)] que, em certos casos, quando se reportam a bens de personalidade, consubstanciam verdadeiros direitos de personalidade. Assim sucede com o *direito à vida* (artigo 24.º), à *integridade moral e física* (artigo 25.º), à *identidade pessoal,* à *capacidade civil,* à *cidadania,* ao *bom nome e reputação* à *imagem,* à *palavra* e à *reserva da intimidade da vida privada e familiar* (artigo 26.º), à *liberdade e segurança* (artigo 27.º) à *inviolabilidade do domicílio e da correspondência* (artigo 34.º), ao *conhecimento, rectificação e actualização de dados constantes de ficheiros ou registos informáticos* (artigo 35.º), à *constituição de família,* à *liberdade de consciência, de religião e de culto* (artigo 41.º). Trata-se de direitos que, por força do artigo 18.º da Constituição, são directamente aplicáveis e vinculam as entidades públicas e privadas (a propósito dos direitos fundamentais, veja-se JORGE MIRANDA, *Manual de Direito Constitucional,* Tomo IV, *Direitos fundamentais,* Coimbra, 3.ª ed., 2000; VIEIRA DE ANDRADE, *Os direitos fundamentais na Constituição portuguesa de 1976,* Almedina, 1983).

Garante-se, por esta via, dignidade constitucional a alguns direitos de personalidade em especial.

XI. O Código Civil de 1966 não deixou passar em claro a importância da matéria e o reconhecimento dos direitos de personalidade. Fê-lo a dois níveis:

a) Por um lado, através da criação de um regime de tutela geral da personalidade, que se inscreve no preceito sob anotação, em termos significativamente mais reforçados do que aquele que constava do Código de Seabra;

b) Por outro lado, através da tipificação de alguns direitos de personalidade em especial, nos artigos 72.º a 80.º, nomeadamente do *direito ao nome* (72.º a 74.º); à *confidencialidade de cartas missivas* (75.º a 77.º); à *imagem* (79.º) e à *reserva da intimidade da vida privada* (80.º). O elenco em causa, porém, não é taxativo e nem sequer constitui o núcleo essencial destes direitos. Pelo contrário: trata-se, porventura, de direitos especiais com menor conteúdo ético, razão pela qual o legislador sentiu necessidade de os tipificar enquanto tal, a fim de se dissiparem todas as dúvidas quanto à respectiva qualificação. Assim, para além dos direitos de personalidade ao *nome,* à *confidencialidade das cartas-missivas*, à *imagem* e à *reserva da intimidade da vida privada*, todo um conjunto de direitos de personalidade que não se mostram tipificados no Código Civil merece também a protecção e o especial regime de tutela que o Direito Civil lhes confere. Assim sucederá, nomeadamente, com os direitos de personalidade constitucionalmente consagrados e *supra* referenciados (*v.g.* o *direito à vida* ou à *integridade física e moral*); com os direitos de personalidade previstos em Tratados Internacionais, nomeadamente na Declaração Universal dos Direitos do Homem, de 10 de Dezembro de 1948; com os que decorrem de legislação especial, nomeadamente, entre nós, nos artigos 15.º e ss. do Código do Trabalho, aprovado pela Lei n.º 99/2003, de 27 de Agosto; ou, bem assim, com os que não constam de qualquer previsão normativa mas cujas características e conteúdo não ofereçam dúvidas quanto à sua natureza.

XII. O número 1 do preceito sob anotação enuncia um princípio geral em sede de direitos de personalidade, ao dispor que «*A lei protege os indivíduos contra qualquer ofensa ilícita ou ameaça de ofensa à sua personalidade física ou moral*». Trata-se, consequentemente uma cláusula aberta, complementada, nos artigos 71.º a 80.º, através do mencionado elenco concretizador de alguns direitos de personalidade em especial. O artigo 70.º, sob anotação, encerra uma ideia de *tutela geral da personalidade*; dos artigos 71.º e ss. resultam alguns *direitos especiais de personalidade*, que usufruem do mesmo regime de tutela. A existência de uma *tutela geral da personalidade* não se deve confundir, todavia, com um *direito geral de personalidade*. Os direitos de personalidade assumem a natureza de direitos subjectivos e assentam, consequentemente, em permissões normativas especificamente dirigidas aos respectivos titulares. Não se justifica, como tal, fazer alusão a um pretenso *direito geral de personalidade* (a propósito do repúdio de um pretenso direito geral de personalidade, veja-se MENEZES CORDEIRO, *Tratado de Direito Civil Português*, ob. cit., pp. 80-82; e OLIVEIRA ASCENSÃO, *Direito Civil, Teoria Geral*, Volume I, *Introdução, As Pessoas, os Bens,* ob. cit., pp. 78-80. Contra, no sentido da defesa de um direito geral de personalidade, CAPELO DE SOUSA, *O Direito Geral de Perso-*

nalidade, ob. cit. pp. 513 e ss. e 605 e ss; JANUÁRIO DA COSTA GOMES, «O Problema da Salvaguarda da Privacidade Antes e Depois do Computador», *in BMJ*, 319, pp. 28 e ss.).

XIII. O número 2 do preceito sob anotação enuncia a tutela civil dos direitos de personalidade, estatuindo que independentemente da «*responsabilidade civil*» a que haja lugar, a pessoa ameaçada ou ofendida pode requerer as «*providências adequadas*» às circunstâncias do caso, de forma a evitar a «*consumação da ameaça*» ou «*a atenuar os efeitos da ofensa já cometida*». A tutela civil a que se refere o número 2 do artigo 70.º pode, assim, do ponto de vista analítico, ser decomposta em três vectores, que a concretizam:

a) A tutela *repressiva*, que opera através da responsabilidade civil, perante uma ofensa já materializada;

b) A tutela *preventiva*, que tem em vista evitar a consumação de uma ameaça efectiva e eminente de violação de um dever de personalidade, a qual pode passar, nomeadamente, pela imposição de deveres de omissão da conduta prevaricadora;

c) A tutela *atenuante*, que visa atenuar os efeitos de uma ofensa já consumada, ou que já teve início, nomeadamente através da cessação de determinadas actividades em curso, ou da institucionalização de sanções pecuniárias compulsórias. A este propósito, importa atender ao procedimento cautelar especial, previsto nos artigos 381.º e ss. e 1474.º e 1475.º do Código do Processo Civil. (a propósito das aludidas formas de tutela repressiva, preventiva e atenuante, veja-se CAPELO DE SOUSA, *O Direito Geral de Personalidade*, ob. cit. pp. 485 e ss. e PEDRO PAIS DE VASCONCELOS, *Teoria Geral do Direito Civil*, Almedina, 2005, 3.ª ed., pp. 46-48).

XIV. Importa recordar, por outro lado, que a par da mencionada tutela civil, os direitos de personalidade gozam, também, atenta a importância de que revestem e os bens sobre os quais incidem, de tutela penal, através da tipificação como crimes, na lei penal, de ofensas a alguns direitos de personalidade, tais como o *direito à vida* (artigos 131.º a 139.º do Código Penal), à *integridade física e moral*, nas suas variantes de ofensa simples, à liberdade pessoal e sexual (artigos 143.º a 176.º do Código Penal), à *honra* (artigos 180.º a 187.º do Código Penal), à *intimidade privada* (artigos 190.º a 196.º do Código Penal) e à *imagem* (artigo 199.º do Código Penal).

XV. A influência do Código Civil, no que tange ao regime dos direitos de personalidade, tem-se vindo a expandir a outros ramos de direito privado que extravasam o Direito Civil, enquanto direito privado comum. É o que sucede com particular incidência no Direito do Trabalho, mais propriamente, no Código do Trabalho, aprovado em Agosto de 2003. O Código do Trabalho, aprovado pela Lei n.º 99/2003, de 27 de Agosto, inaugurou, na Secção II (*Sujeitos*), do Capítulo I (*Disposições Gerais*), do Título *II (Contrato de Trabalho)*, do Livro I (*Parte Geral*), uma Subsecção (Subsecção II – Direitos de Personalidade) atinente à tutela dos direitos de personalidade, globalmente inovadora no ordenamento laboral nacional (veja-se, a este propósito, a anotação *infra* ao artigo 15.º do Código do Trabalho). A Subsecção em causa integra um conjunto sistematizado de preceitos que garantem a defesa dos direitos de personalidade dos sujeitos laborais, na esteira do personalismo ético que anima o diploma. Trata-se, em particular, de proteger a situação pessoal do trabalhador perante novas realidades que marcam a sociedade laboral hodierna, nomeadamente o desenvolvimento da informática, a utilização e manuseamento de tecnologias de informação e de comunicação, o incremento e utilização de técnicas de captação e armazenamento de imagens e de dados pessoais, bem como a utilização da ciência médica para efeitos de realização de testes ou exames destinados a despistar doenças infecto-contagiosas ou o consumo de drogas ou de álcool por parte do trabalhador (a propósito da tutela pessoal do trabalhador, veja-se nomeadamente MENEZES CORDEIRO, «O respeito pela esfera privada do trabalhador», in *I Congresso Nacional de Direito do Trabalho*, Almedina, 1998, pp. 20 e ss, e «A liberdade de expressão do trabalhador», in *II Congresso Nacional de Direito do Trabalho*, Almedina, 1999, pp. 24 e ss; JOSÉ JOÃO ABRANTES, «Contrato de trabalho e direitos fundamentais», in *II Congresso Nacio-*

nal de Direito do Trabalho, Almedina, 1999, pp 105 e ss.e *Contrat de travail et droits fondamentaux – contribution à une dogmatique commune européenne, avec référence spéciale au droit allemand et au droit portugais*, Frankfurt am Main, 2000; ROSÁRIO RAMALHO, «Contrato de trabalho e direitos fundamentais», *in Estudos em Homenagem à Professora Doutora Isabel Magalhães Collaço*, Vol. II, Almedina, Coimbra, 2002, pp. 393-417).

XVI. O Direito do Trabalho não mais se podia alhear destas questões emergentes, tendo o Código do Trabalho, neste contexto, consagrado expressamente direitos de personalidade especificamente aplicáveis à relação laboral, prescindindo-se por esta via de eventuais esquemas de transposição directa ou indirecta de preceitos constitucionais e de regras ou princípios próprios do Direito Civil. De entre as situações jurídicas de vantagem que têm por escopo a tutela da situação pessoal do trabalhador e que foram consagradas no Código do Trabzalho, destacam-se a *liberdade de expressão e de opinião no local* de trabalho (art. 15.º), *o direito à reserva da intimidade da vida privada* (art. 16.º), *o direito à integridade física e moral* (art. 18.º) e *o direito de reserva e confidencialidade* relativamente ao conteúdo das mensagens de natureza pessoal e acesso a informação de carácter não profissional que o trabalhador envie, receba ou consulte, nomeadamente através do correio electrónico (21.º). A par destes direitos, o Código enuncia ainda um conjunto de regras que visam regulamentar a exigência, realização e apresentação de *testes e exames médicos* (art. 19.º), bem como o emprego de *meios de vigilância a distância*, com a finalidade de controlar o desempenho profissional do trabalhador (art. 20.º). Em todos os casos, visa-se garantir um justo equilíbrio entre a manutenção na esfera jurídica do trabalhador dos direitos que lhe assistem enquanto cidadão, por um lado, e o princípio da liberdade de gestão empresarial, por outro lado (a propósito do regime dos direitos de personalidade previsto no Código do Trabalho, veja-se a anotação *infra* aos artigos 15.º a 21.º do Código do Trabalho, que tem por fonte, no essencial, as anotações de GUILHERME DRAY, *in* PEDRO ROMANO MARTINEZ, LUÍS MIGUEL MONTEIRO, JOANA VASCONCELOS, PEDRO MADEIRA DE BRITO, GUILHERME DRAY e LUÍS GONÇALVES DA SILVA, *Código do Trabalho Anotado,*

Almedina. Coimbra, 4.ª ed., 2005, anotação aos artigos 14.° a 21.°, pp. 97-116. Veja-se, também, LUÍS MENEZES LEITÃO *Código do Trabalho Anotado*, 2.ª ed., Almedina, Coimbra, 2004, anotação aos artigos 15.° a 21.°, pp. 35 a 44).

XVII. Também a nível jurisprudencial se têm registado desenvolvimentos significativos no tratamento da matéria. Os direitos de personalidade são, actualmente, objecto de uma aplicação corrente, que abrange vários aspectos e áreas distintas, nomeadamente o *direito à vida* (*vg.* Acórdão da Relação de Coimbra, de 2 de Novembro de 1993, *in BMJ,* 431, 19933, p. 563); à *vida e ao bom ambiente* (*v.g.* Acórdão do STJ, de 26 de Abril de 1995, *in* CJ/Supremo, III, 1995, 1, pp. 155--160); à *saúde,* ao *repouso* e ao *descanso* (*v.g.* Acórdão da Relação do Porto, de 12 de Dezembro de 2002, *in CJ, XXVII, 2002, 5, pp. 273-277)*; à *honra,* ao *bom nome e à reputação*, nomeadamente perante ofensas cometidas por meios de comunicação social (*v.g.* Acórdão da relação de Coimbra, de 3 de Julho de 1993, *in* CJ XIX, 1994, 1, pp. 106-111); à *imagem* (*v.g.* Acórdão da Relação de Lisboa, de 28 de Janeiro de 1999, *in* CJ XXIV, 1999, 1, pp. 93-95)*;* à *intimidade* (*v.g.* Acórdão da relação de Lisboa, de 28 de Novembro de 2001, *in* CJ XXVI, 2001, 5, pp. 138-143). No mesmo sentido, foram-se alargando os remédios encontrados pelos tribunais para efeitos de tutela dos direitos de personalidade: suspensão da actividade de estabelecimentos ou actuações; concessão de prazos para se fazerem obras de resguardo e de protecção; obrigatoriedade de indemnização, nomeadamente a título de danos não patrimoniais. Também o alargamento da protecção dos direitos de personalidade às pessoas colectivas, nomeadamente no que toca ao nome e à honra tem sido assumido pela jurisprudência [(*v.g.* Acórdão da Relação do Porto, de 28 de Março de 1985, *in* CJ X, 1985, 2, pp. 229--232; e Acórdão do STJ, de 17 de Outubro de 2000, *in* CJ/Supremo VIII, 2000, 3, pp. 78-82). A propósito da evolução jurisprudencial, em geral, em relação aos direitos de personalidade, veja-se MENEZES CORDEIRO, *Tratado de Direito Civil Português*, ob. cit.,pp. 63-74, em especial pp. 70-74, quanto à jurisprudência pós-1993, onde se citam mais de sessenta arestos sobre esta matéria, nomeadamente os *supra* referenciados].

ARTIGO 71.º
(Ofensa a pessoas já falecidas)

1. Os direitos de personalidade gozam igualmente de protecção depois da morte do respectivo titular.
2. Tem legitimidade, neste caso, para requerer as providências previstas no n.º 2 do artigo anterior o cônjuge sobrevivo ou qualquer descendente, ascendente, irmão, sobrinho ou herdeiro do falecido.
3. Se a ilicitude da ofensa resultar de falta de consentimento, só as pessoas que o deveriam prestar têm legitimidade, conjunta ou separadamente, para requerer as providências a que o número anterior se refere.

I. A personalidade cessa com a morte, nos termos do artigo 68.º. Com a cessação da personalidade jurídica extinguem-se, por sua vez, as correlativas situações jurídicas (activas e passivas) relacionadas com os bens de personalidade, nomeadamente os direitos de personalidade. Pode suceder, todavia, que alguns bens de personalidade, tais como o direito à honra e ao bom nome, ou à confidencialidade de cartas missivas, sejam objecto de ofensa por parte de terceiros já após a morte do visado. A desonra tanto pode atingir a pessoa viva, como o *de cujos*; no mesmo sentido, a divulgação não autorizada de cartas confidenciais tanto pode ser praticada durante a vida, como após a morte do visado. A memória do falecido deve ser respeitada, não obstante a morte e a correlativa extinção dos direitos de personalidade de que aquele foi titular. O preceito sob anotação visa, precisamente, garantir uma tutela *post mortem*, i.e., promover a defesa da memória do falecido através da atribuição de determinados direitos de defesa àqueles que lhe sucedem na ordem jurídica. A fórmula adoptada pelo legislador no número 1 do preceito sob anotação – *os direitos de personalidade gozam igualmente de protecção depois da morte do respectivo titular* – permite que se pondere acerca do eventual prolongamento dos direitos de personalidade para além da morte [cf. PIRES DE LIMA, ANTUNES VARELA, *Código Civil Anotado,* 1.º Volume, 4.ª ed., 1987, p. 105 (anotação 1 ao artigo 71.º)]. Julga-se, todavia, que não é esse o sentido a retirar do preceito sob anotação, pela simples razão de que a extinção da personalidade, resultante da morte (artigo 68.º) não permite que dela se continuem a extrair direitos ou obrigações. Trata-se de uma evidência jurídica. A personalidade jurídica do falecido não se mantém, não obstante a fórmula algo dúbia da redacção sob anotação. O que está em causa, verdadeiramente, é a protecção dos familiares do falecido, afectados por actos que ofendam a memória do defunto. O que está em jogo, no preceito sob anotação, é a protecção de interesses e direitos das pessoas indicadas no número 2, que sejam afectadas por actos susceptíveis de ofender a memória do falecido (cf. MENEZES CORDEIRO, *Tratado de Direito Civil Português*, I, Parte Geral, Tomo III, Pessoas, Almedina, 2004, pp 465-467, e CARLOS MOTA PINTO, *Teoria Geral do Direito Civil*, 3.ª ed. actualizada, Coimbra, 1996, p. 203. Contra, OLIVEIRA ASCENSÃO, *Direito Civil, Teoria Geral*, Volume I, *Introdução, As Pessoas, os Bens*, Coimbra, 1997, pp. 88-90, para quem, o que está em causa, é a protecção de um bem autónomo, consistente na memória do falecido, e não a protecção de direitos de pessoas vivas, e CAPELO DE SOUSA, *O Direito Geral de Personalidade*, ob. cit. p. 193, para quem se pode falar de uma «*tutela geral da personalidade do defunto*»).

II. O número 2 do presente preceito indica-nos as pessoas potencialmente afectadas por ofensas à memória do falecido – *cônjuge sobrevivo ou qualquer descendente, ascendente, irmão, sobrinho ou herdeiro do falecido* – e o tipo de providências que as mesmas podem adoptar com vista à protecção da memória do *de cujus*. Ao remeter o tipo de providências a adoptar para o regime do artigo 70.º, n.º 2, que se reconduz às habitualmente denominadas tutelas *preventina e atenuante* (cf. anotação ao artigo 70.º, n.º 2), o legislador parece excluir a responsabilidade civil (a que se refere o artigo 70.º, n.º 1), como forma de protecção contra ofensas à memória do falecido. Para alguns autores, impressionados pela impossibilidade de se pedir uma indemnização para o morto, esta terá sido efectivamente a escolha expressa e assumida do legislador, que optou por «*cingir a intervenção dos familiares e herdeiros ao requerimento das providências cautelares, nos n.ºs 2 e 3. Se quisesse uma tutela integral, bastaria dizer que tinham legitimidade, sem a restringir a seguir às providências que contempla*» (cf. OLIVEIRA ASCENSÃO, *Direito Civil, Teoria Geral*, Volume I, *Introdu-*

ção, *As Pessoas, os Bens*, Coimbra, 1997, p. 91). Outros, porém, admitindo que o que está em causa não é a atribuição de uma indemnização ao falecido, mas «*antes, de iure próprio, aos familiares legitimados para agir*», rejeitam esta interpretação literal e admitem que a ofensa pode ocasionar, também, o accionamento dos mecanismos da responsabilidade civil, através de uma «*remissão, em bloco, do artigo 71.º/2 para o artigo 70.º/2: as "providências adequadas" são sempre possíveis independentemente da responsabilidade civil a que haja lugar"*» (cf. MENEZES CORDEIRO, *Tratado de Direito Civil Português*, I, Parte Geral, Tomo III, Pessoas, Almedina, Coimbra, 2004, pp. 463-464. No mesmo sentido, PEDRO PAIS DE VASCONCELOS, *Teoria Geral do Direito Civil*, 3ª ed., Almedina, Coimbra, 2005, p. 52).

III. O número 3 do preceito sob anotação admite a possibilidade de a ilicitude da ofensa resultar de falta de autorização no caso, por exemplo, da publicação de uma carta. Quando assim seja, opera-se uma limitação da legitimidade para actuar: só as pessoas que tinham legitimidade para consentir podem, subsequentemente, reagir perante a ofensa. Só quem tinha legitimidade para prestar o consentimento terá legitimidade para requerer as providências a que se refere o número 2, excluindo-se todos os demais.

ARTIGO 72.º
(Direito ao nome)

1. Toda a pessoa tem direito a usar o seu nome, completo ou abreviado, e a opor-se a que outrem o use ilicitamente para sua identificação ou outros fins.
2. O titular do nome não pode, todavia, especialmente no exercício de uma actividade profissional, usá-lo de modo a prejudicar os interesses de quem tiver nome total ou parcialmente idêntico; nestes casos, o tribunal decretará as providências que, segundo juízos de equidade, melhor conciliem os interesses em conflito.

I. O direito ao *nome*, a que se reporta o preceito sob anotação, não se confunde com o direito à *honra*, à *reputação* ou ao *bom nome*. O que está em causa, no número 1 do presente preceito, é um direito à individualização das pessoas singulares, através do nome civil, enquanto corolário lógico do direito à identidade pessoal, previsto no artigo 26.º da Constituição. O nome, enquanto elemento socialmente distintivo e individualizador, constitui uma manifestação da personalidade e é assumido pelo legislador como um direito especial de personalidade. O direito ao nome, a que se refere o número 1 do preceito em causa, abarca um núcleo central, consistente no direito de ter um nome e de o usar, e um conjunto periférico de poderes, tais como o de usar o nome completo ou abreviado, o de adoptar um pseudónimo (artigo 74.º, para cuja anotação se remete) ou o de se opor a que outrem o(s) use ilicitamente, para sua identificação ou outros fins (a propósito do direito ao nome, veja-se MENEZES CORDEIRO, *Tratado de Direito Civil Português*, I, Parte Geral, Tomo III, Pessoas, Almedina, Coimbra, 2004, pp 155-182; OLIVEIRA ASCENSÃO, *Direito Civil, Teoria Geral*, Volume I, *Introdução, As Pessoas, os Bens*, Coimbra, 1997, pp. 99-103; CARVALHO FERNANDES, *Teoria Geral do Direito Civil*, Volume I, 2.ª ed., Lex, Lisboa, 1995, pp. 148-166 e 194.).

II. O número 2 do preceito sob anotação estabelece um limite ao direito de utilização do nome: o titular do nome não pode usá-lo de modo a prejudicar os interesses de quem tiver nome total ou parcialmente idêntico, em especial no exercício de uma actividade profissional. Quando assim suceda, a lei remete para o tribunal a decretação das providências adequadas a colmatar a situação, segundo juízos de equidade e finalidades conciliatórias, as quais podem passar, nomeadamente, pela imposição de aditamentos indicativos do parentesco ou afinidade (cf., nomeadamente, artigo 28.º, n.º 2, do Código do Direito de Autor e dos Direitos Conexos, a propósito da protecção de nome literário, artístico ou científico).

ARTIGO 73.º
(Legitimidade)

As acções relativas à defesa do nome podem ser exercidas não só pelo respectivo titular, como, depois da morte dele, pelas pessoas referidas no n.º 2 do artigo 71.º.

O «direito ao nome», a que se reporta o artigo 72.º, abarca uma vertente negativa, que consiste no poder de impedir que terceiros o usem de forma ilícita, nomeadamente fazendo-se passar pelo verdadeiro titular do nome em causa. A violação do direito ao nome pode ocorrer em dois momentos distintos: durante a vida do respectivo titular ou após a sua morte. Em ambos os casos, a defesa do nome, ou do direito à identidade pessoal, opera por via judicial. O preceito sob anotação tem por função, precisamente, delimitar a legitimidade para a propositura de acções judiciais destinadas a promover a defesa do nome: tratando-se de uma ofensa do direito ao nome ocorrida durante a vida do respectivo titular, caberá a este diligenciar no sentido da promoção da respectiva defesa; caso a ofensa ao nome ocorra após a morte do respectivo titular, a legitimidade para a promoção da respectiva defesa cabe às pessoas referidas no artigo 71.º, n.º 2, i.e., ao *cônjuge sobrevivo* ou a *qualquer descendente, ascendente, irmão, sobrinho ou herdeiro do falecido*.

ARTIGO 74.º
(Pseudónimo)

O pseudónimo, quando tenha notoriedade, goza da protecção conferida ao próprio nome.

Para além do nome civil, são socialmente reconhecidas fórmulas complementares de designação que também servem os propósitos de individualização ou de identidade pessoal. Trata-se de uma situação frequente, nomeadamente no meio literário e artístico, em termos tais que os artigos 28.º e 29.º do Código do Direito de Autor e dos Direitos

Conexos proíbem a utilização de nome literário, artístico ou científico que possa ser confundido com o nome de outrem, anteriormente usado. O *pseudónimo*, etimologicamente tido como um nome não exacto, constitui uma das fórmulas complementares de individualização da pessoa, que merece tutela jurídica. A lei reconhece-lhe, consequentemente, a mesma protecção que é conferida ao próprio nome, mas apenas nos casos em que o pseudónimo ganhe *notoriedade*, i.e., quando a sua utilização, regular e periódica, seja susceptível de individualizar e identificar a pessoa que habitualmente o utiliza. O uso isolado ou meramente esporádico do pseudónimo não será suficiente, portanto, para a aplicação do regime de protecção associado ao nome (veja-se, a este propósito, MENEZES CORDEIRO, *Tratado de Direito Civil Português*, I, Parte Geral, Tomo III, Pessoas, Almedina, Coimbra, 2004, pp 177-180; OLIVEIRA ASCENSÃO, *Direito Civil, Teoria Geral,* Volume I, *Introdução, As Pessoas, os Bens,* Coimbra, 1997, p. 100; CARVALHO FERNANDES, *Teoria Geral do Direito Civil,* Volume I, 2.ª ed., Lex, Lisboa, 1995, pp. 156-158).

ARTIGO 75.º
(Cartas-missivas confidenciais)

1. O destinatário de carta-missiva de natureza confidencial deve guardar reserva sobre o seu conteúdo, não lhe sendo lícito aproveitar os elementos de informação que ela tenha levado ao seu conhecimento.
2. Morto o destinatário, pode a restituição da carta confidencial ser ordenada pelo tribunal, a requerimento do autor dela ou, se este já tiver falecido, das pessoas indicadas no n.º 2 do artigo 71.º; pode também ser ordenada a destruição da carta, o seu depósito em mão de pessoa idónea ou qualquer outra medida apropriada.

I. O artigo sob anotação dá início ao regime das denominadas cartas-missivas, memórias familiares e outros escritos confidenciais, o qual é tratado de forma minuciosa ao longo de três artigos (75.º-77.º), tendo como pano de fundo a tutela da intimidade da vida privada do autor das mencionadas cartas, memórias ou escritos. O regime em causa tem em vista, consequentemente, a protecção de um bem de personalidade, consistente na intimidade da vida privada das pessoas. Daí a sua consagração enquanto direito de personalidade. Para além deste regime, o legislador regula, também, o das cartas-missivas não confidenciais (artigo 78.º), neste caso de forma menos incisiva e tutelar (a propósito do regime das cartas-missivas e escritos pessoais, veja-se MENEZES CORDEIRO, *Tratado de Direito Civil Português*, I, Parte Geral, Tomo III, Pessoas, Almedina, Coimbra, 2004, pp 183-191; OLIVEIRA ASCENSÃO, *Direito Civil, Teoria Geral*, Volume I, *Introdução, As Pessoas, os Bens*, Coimbra, 1997, pp. 103-105; PEDRO PAIS DE VASCONCELOS, *Teoria Geral do Direito Civil*, Almedina, 2005, 3.ª ed., pp. 67-68, CARVALHO FERNANDES, *Teoria Geral do Direito Civil*, Volume I, 2.ª ed., Lex, Lisboa, 1995, pp. 197-198).

II. O preceito em causa tem em vista as cartas-missivas confidenciais, estatuindo que o destinatário das mesmas deve guardar reserva sobre o seu conteúdo e não se pode aproveitar dos elementos de informação dela emergentes. Parte-se, consequentemente, de uma premissa necessária: a carta remetida deve assumir natureza confidencial. O apuramento da confidencialidade da carta pode ser feito, no essencial, com recurso a duas teorias, que se opõem: uma teoria subjectivista, segundo a qual a natureza confidencial da carta resultará da vontade do seu autor, expressa ou tacitamente declarada [cf. PIRES DE LIMA, ANTUNES VARELA, *Código Civil Anotado*, 1.º Volume, 4.ª ed., 1987, p. 107 (anotação 1 ao artigo 75.º)]; ou uma teoria objectivista, à luz da qual a confidencialidade resultará não da vontade do respectivo remetente, a quem não se deve reconhecer o poder jurídico de criar unilateralmente adstrições na esfera do destinatário, mas sim do teor da própria carta, consoante o tipo de matéria nela tratada (*v.g.* carta sobre matéria coberta por sigilo profissional ou sobre assuntos que se prendam com a esfera íntima das pessoas – saúde, relações afectivas, amorosas, sexuais, etc.) Nesta última perspectiva, o facto de o remetente qualificar («carimbar») uma carta como confidencial, não é suficiente, por si só, para que a natureza confidencial do escrito seja um dado adquirido – tal declaração deve ser entendida como um elemento objectivo para, em conjunto com outros, fixar a efectiva confidencialidade (cf. MENEZES COR-

DEIRO, *Tratado de Direito Civil Português*, I, Parte Geral, ob. cit., pp. 184-187, em especial pp. 185-186. A propósito do segredo profissional que impende sobre os advogados, veja-se AUGUSTO LOPES CARDOSO, *Do segredo profissional na advocacia*, 1998).

III. Nos termos do número 1 do preceito sob anotação e verificados que estejam os pressupostos da confidencialidade, o destinatário da carta não pode publicitar o teor da carta que lhe foi remetida, nem usar, por si ou através de terceiros, os elementos de informação que por ela lhe sejam facultados. Fazendo-o, está a violar um direito de personalidade do remetente, incorrendo em responsabilidade civil, patrimonial e não patrimonial, nos termos dos artigos 483.° e 496.°, podendo ainda ser requeridas providências adequadas às circunstâncias do caso, com o fim de evitar a consumação da ameaça de quebra de confidencialidade ou atenuar os efeitos de ofensa já cometida (cf. artigo 70.°, n.° 2). Admite-se, à luz deste regime, que de entre o conjunto de providências adequadas se possa admitir a destruição da carta, a sua devolução ao remetente ou a divulgação de excertos da mesma, de forma a atenuar os efeitos decorrentes da publicação (ilícita) de parte do respectivo conteúdo.

IV. Nos termos do número 2, depois de morto o destinatário, permite-se que o tribunal, a requerimento do remetente ou, se este já tiver falecido, dos familiares a que se refere o artigo 71.°, n.° 2, i.e., do *cônjuge sobrevivo* ou de *qualquer descendente, ascendente, irmão, sobrinho ou herdeiro do falecido,* ordene a restituição da carta ao autor ou aos seus familiares, podendo ainda ser ordenada a sua destruição, o depósito em mãos de pessoa idónea ou outra medida apropriada – *v.g.* o depósito da carta em qualquer arquivo público, quando o especial interesse o justifique ou quando os riscos da sua divulgação o aconselhem [cf. PIRES DE LIMA, ANTUNES VARELA, *Código Civil Anotado*, 1.° Volume, 4.ª ed., 1987, p. 107 (anotação 2 ao artigo 75.°)].

V. O Código Civil de 1966 não teve em vista a revolução tecnológica entretanto operada, no último quartel do século XX. Nesse contexto, parece justificar-se que a tutela conferida às tradicionais cartas-

-missivas possa ser aplicada, com as necessárias adaptações, às mensagens remetidas através de correio electrónico. É esse, de resto, o sentido do artigo 21.º do Código do Trabalho, o qual, sob a epígrafe *Confidencialidade de mensagens e de acesso a informação*, determina que «*O trabalhador goza do direito de reserva e confidencialidade relativamente ao conteúdo das mensagens de natureza pessoal e acesso a informação de carácter não profissional que envie, receba ou consulte, nomeadamente através do correio electrónico*» (veja-se, a este propósito, a anotação *infra* ao artigo 21.º do Código do Trabalho). Trata-se de uma hipótese típica na qual o Direito Civil, não obstante a sua qualidade de Direito comum, pode ser influenciado por um ramo de Direito especial – o Direito do Trabalho.

ARTIGO 76.º
(Publicação de cartas confidenciais)

1. As cartas-missivas confidenciais só podem ser publicadas com o consentimento do seu autor ou com o suprimento judicial desse consentimento; mas não há lugar ao suprimento quando se trate de utilizar as cartas como documento literário, histórico ou biográfico.
2. Depois da morte do autor, a autorização compete às pessoas designadas no n.º 2 do artigo 71.º, segundo a ordem nela indicada.

I. A publicação de cartas confidenciais consubstancia, por natureza, o meio idóneo de tornar público aquilo que à partida tem um significado íntimo e reservado. Por isso, o número 1 do presente preceito estabelece que a publicação de cartas-missivas confidenciais depende do consentimento do respectivo autor. Havendo recusa, pode haver *suprimento judicial*, salvo quando se trate de utilizar as cartas como documento literário, histórico ou biográfico. Neste último caso, não há lugar ao suprimento judicial.

II. Depois da morte do respectivo autor, a autorização compete às pessoas designadas no n.º 2 do artigo 71.º, i.e., ao *cônjuge sobrevivo* ou a *qualquer descendente, ascendente, irmão, sobrinho ou herdeiro do falecido*. Havendo recusa das mesmas, ainda que o legislador não o preveja, deve admitir-se, também neste caso, que possa haver suprimento judicial (cf. OLIVEIRA ASCENSÃO, *Direito Civil, Teoria Geral*, Volume I, *Introdução, As Pessoas, os Bens*, Coimbra, 1997, p. 105).

III. Recorda-se que o artigo 194.º, do Código Penal, qualifica como crime a violação de correspondência ou de telecomunicações. Trata-se da tutela penal dos direitos de personalidade, nos termos supra enunciados [cf. anotação (XIV) ao artigo 70.º].

ARTIGO 77.º
(Memórias familiares e outros escritos confidenciais)

O disposto no artigo anterior é aplicável, com as necessárias adaptações, às memórias familiares e pessoais e a outros escritos que tenham carácter confidencial ou se refiram à intimidade da vida privada.

I. O legislador manda aplicar às memórias familiares e outros escritos confidenciais – *v.g.* diários, cadernos de memórias, notas pessoais ou agendas – o regime estabelecido no artigo anterior, quanto à publicação de cartas-missivas confidenciais. O bem em jogo é o mesmo (a intimidade da vida privada), justificando-se, consequentemente, a aplicação de um regime similar.

II. Precisamente porque o bem em jogo é o mesmo, há quem admita que não obstante o preceito sob anotação apenas remeter para o regime do artigo 76.º (o *artigo anterior*), também se pode aplicar, por analogia, às memórias familiares e pessoais e a outros escritos com carácter confidencial «*as providências previstas na parte final do n.º 2 do artigo 75.º, quando sérias e ponderosas razões o justifiquem*» [cf. PIRES DE LIMA, ANTUNES VARELA, *Código Civil Anotado*, 1.º Volume, 4.ª ed., 1987, p. 107 (anotação 2 ao artigo 77.º)].

ARTIGO 78.º
(Cartas missivas não confidenciais)

O destinatário de carta não confidencial só pode usar dela em termos que não contrariem a expectativa do autor.

I. O preceito sob anotação tem por objecto o regime dos escritos não confidenciais. Neste caso, o regime de tutela não é tão intenso, quanto o que resulta dos artigos 75.º a 77.º, que se relacionam com cartas-missivas, memórias familiares e outros escritos confidenciais. À luz deste preceito, só se permite a utilização de cartas não confidenciais em termos que não contrariem a expectativa do autor, o mesmo é dizer, apenas se impõe que não haja utilização de cartas não confidenciais em termos que firam a expectativa do respectivo autor. Na medida em que a confiança do autor não seja defraudada, a utilização da carta é livre.

II. O regime em causa tem por base, consequentemente, uma relação de confiança, sendo à luz desta relação que se deve compreender o preceito sob anotação, no seguinte sentido: se as expectativas do autor da carta são, objectivamente, a de que esta não seja publicada, a utilização da carta, para esse efeito, não é admitida, sob pena de violação da relação de confiança estabelecida entre as partes; caso, pelo contrário, alguém envie uma carta dando conta de um facto que pretende venha a ser publicitado, remetendo-a nomeadamente para um jornal, não haverá expectativa a tutelar. Dir-se-á, em todo o caso, que a regra será a de que o autor não pretende a publicitação da carta e que só excepcionalmente, quando ponderosas razões apontem em sentido diverso, se poderá admitir a aludida publicitação (cf. MENEZES CORDEIRO, *Tratado de Direito Civil Português*, I, Parte Geral, Tomo III, Pessoas, Almedina, Coimbra, 2004, pp. 190-191. Em sede jurisprudencial, veja-se o aresto referenciado por este Autor – Acórdão da relação de Lisboa, de 19 de Outubro de 1982, *in* CJ VII, 1982, 4, pp. 125-126).

III. A propósito dos efeitos decorrentes da violação do dever imposto ao destinatário, veja-se a anotação (III) ao artigo 75.º, para a qual se remete.

ARTIGO 79.º
(Direito à imagem)

1. O retrato de uma pessoa não pode ser exposto, reproduzido ou lançado no comércio sem o consentimento dela; depois da morte da pessoa retratada, a autorização compete às pessoas designadas no n.º 2 do artigo 71.º, segundo a ordem nele indicada.
2. Não é necessário o consentimento da pessoa retratada quando assim o justifiquem a sua notoriedade, o cargo que desempenhe, exigências de polícia ou de justiça, finalidades científicas, didácticas ou culturais, ou quando a reprodução da imagem vier enquadrada na de lugares públicos, ou na de factos de interesse público ou que hajam decorrido publicamente.
3. O retrato não pode, porém, ser reproduzido, exposto ou lançado no comércio, se do facto resultar prejuízo para a honra, reputação ou simples decoro da pessoa retratada.

I. O preceito sob anotação garante o *direito à imagem*, igualmente consagrado na Constituição (artigo 26.º). O direito à imagem visa garantir a defesa da pessoa contra a exposição, reprodução ou comercialização do seu retrato, sem o seu consentimento. Joga-se, a este nível, com vários valores: desde logo, com a privacidade ou a intimidade do visado; num segundo plano, com o bom nome ou reputação do visado, nomeadamente nos casos em que a imagem surge associada a um evento com conotações social ou moralmente discutíveis; em terceiro lugar, com a capacidade lucrativa da própria imagem e com a necessidade de evitar o seu aproveitamento abusivo por parte de terceiros (cf. MENEZES CORDEIRO, *Tratado de Direito Civil Português*, I, Parte Geral, Tomo III, Pessoas, Almedina, Coimbra, 2004, pp. 193-204, em especial, quanto aos valores que subjazem a este direito, p. 195. Ainda a propósito do direito à imagem, veja-se OLIVEIRA ASCENSÃO, *Direito Civil, Teoria Geral,* Volume I, *Introdução, As Pessoas, os Bens,* Coimbra, 1997, p. 105-108; PEDRO PAIS DE VASCONCELOS, *Teoria Geral do Direito Civil*, 3.ª ed., Almedina, Coimbra, 2005, pp. 69-70, CARVALHO FERNANDES, *Teoria Geral do Direito Civil,* Volume I, 2.ª ed., Lex, Lisboa, 1995, pp. 197-198).

II. A regra basilar encontra-se prevista no número 1: o retrato de uma pessoa não pode ser exposto, reproduzido ou lançado no comércio sem o consentimento desta, admitindo-se, para o efeito, não apenas o consentimento expresso, mas também aquele que se deduza de factos que, com toda a probabilidade, o revelem, i.e., o consentimento tácito (cf. artigo 217.º, n.º 1). Após a morte da pessoa retratada, o consentimento continua a ser necessário, ficando, neste caso, a cargo das pessoas designadas no n.º 2 do artigo 71.º, i.e., do *cônjuge sobrevivo* ou de *qualquer descendente, ascendente, irmão, sobrinho ou herdeiro do falecido*. O consentimento em causa tanto pode resultar de um ajuste contratual, quanto de um acto unilateral do visado.

III. O consentimento do visado é dispensado nos casos do número 2, que assumem natureza excepcional:

a) Num primeiro grupo de casos, por força de elementos subjectivos, atinentes ao próprio visado – quando assim o justifiquem a notoriedade ou o cargo que desempenhe – *maxime* quando se trate de uma *figura pública*, nomeadamente de políticos, desportistas profissionais, artistas ou outras figuras mediáticas afamadas (a propósito do regime aparentemente especial das *figuras públicas*, mas adoptando uma visão francamente restritiva, que nega uma *capitis deminutio* das pessoas com notoriedade, rejeitando a ideia segundo a qual estas gozam de menor tutela quanto à respectiva honra e privacidade, veja-se PEDRO PAIS DE VASCONCELOS, *Teoria Geral do Direito Civil*, 3.ª ed., Almedina, 2005, pp. 62-63);

b) Num segundo grupo de casos, por força de elementos objectivos, que extravasam a singularidade do sujeito – exigências de polícia ou de justiça, ou no âmbito de finalidades científicas, didácticas ou criminais.

Em qualquer uma das duas referidas situações, joga-se com conceitos indeterminados, cuja concretização deve operar casuisticamente, segundo o prudente arbítrio do julgador [cf. PIRES DE LIMA, ANTUNES

VARELA, *Código Civil Anotado*, 1.º Volume, 4.ª ed., 1987, p. 109 (anotação ao artigo 79.º)].

IV. O número 3 do preceito vem, todavia, impor limites ao regime excepcional previsto no número 2: em qualquer caso, o retrato não pode ser reproduzido, exposto ou lançado no comércio com prejuízo para a honra, reputação ou simples decoro da pessoa visada. Trata-se de uma *excepção à excepção* (cf. OLIVEIRA ASCENSÃO, *Direito Civil, Teoria Geral*, Volume I, *Introdução, As Pessoas, os Bens*, Coimbra, 1997, p. 107), cuja aferição varia de caso para caso, em função dos elementos materiais fornecidos pelo caso concreto.

V. A jurisprudência tem actuado correntemente neste domínio (cf., nomeadamente, Acórdão (Ac.) da Relação (Rel.) de Lisboa (Lx) de 23 de Novembro de 1977, *in* CJ II (1977), 5, pp. 1055-1056; Ac. do STJ de 24 de Maio de 1989, *in* BMJ 387 (1989), pp. 531-537; Ac. Rel. Lx de 28 de Janeiro de 1999, *in* CJ XXIV (1999) 1, pp. 93-95; Ac. STJ de 8 de Novembro de 2001, *in* CJ/Supremo IX (2001) 3, pp. 113-115 – estes e outros arestos são citados em MENEZES CORDEIRO, *Tratado de Direito Civil Português*, ob. cit., pp. 201-203).

ARTIGO 80.º
(Direito à reserva sobre a intimidade da vida privada)

1. Todos devem guardar reserva quanto à intimidade da vida privada de outrem.
A extensão da reserva é definida conforme a natureza do caso e a condição das pessoas.

I. A reserva da intimidade da vida privada marca e influencia o regime da confidencialidade das cartas-missivas (artigos 75.º a 77.º) e o do direito à imagem (artigo 78.º). A reserva da intimidade da vida privada, todavia, enquanto bem autónomo, é consagrada no preceito sob anotação, demarcando-se do alcance especialmente redutor daquelas duas concretizações. Assim, se alguém publicita uma carta-missiva confidencial, sem a autorização do respectivo autor, é o direito à confidencialidade das cartas-missivas que está em causa (artigo 75.°), e não propriamente o regime do direito à intimidade da vida privada (artigo 80.°); se alguém obtém e reproduz uma fotografia íntima sem consentimento do visado, é o direito à imagem que está em causa (artigo 79.°) e não o do direito à intimidade da vida privada (artigo 80.°). Tratando-se da reserva da intimidade no âmbito de contrato de trabalho, deve aplicar-se o regime do artigo 16.° do Código do Trabalho, nomeadamente quando esteja em causa a protecção de dados pessoais do trabalhador ou a realização de exames médicos por parte do mesmo (veja-se, a este propósito, as anotações *infra* aos artigos 16.°, 17.° e 19.° do Código do Trabalho).

II. O direito à reserva sobre a intimidade da vida privada era desconhecido até ao final do jusracionalismo e das sociedades liberais da época. A afirmação e o reconhecimento deste direito, bem como a sua efectiva consagração legislativa, são um fenómeno relativamente recente, próprio da sociedade de informação contemporânea, que pôs a nu a falta de intimidade e de privacidade dos cidadãos (a propósito do surgimento e evolução histórica do direito à reserva da intimidade da vida privada veja-se JANUÁRIO DA COSTA GOMES, *O Problema da Salvaguarda do Computador, Antes e Depois do Computador, in* BMJ, 319, pp. 18-19. A primeira aparição e invocação do direito surge, segundo este autor, em 1890, nos Estados Unidos da América, com a publicação na *Harvard Law Review* dum artigo subordinado ao título «*The right to privacy*», escrito por SAMUEL WARREN E LOUIS BRANDEIS, dois jovens advogados que, por esta via, lançaram os alicerces da doutrina jurídica da privacidade, admitindo a ressarcibilidade dos danos emergentes da violação de tal direito. Só mais tarde, em 1905, surge o reconhecimento jurisprudencial da «*privacy*», mediante uma decisão do Supremo Tribunal da Geórgia, que condenou uma companhia de seguros a indemnizar um indivíduo cuja fotografia havia sido abusivamente utilizada por aquela companhia no âmbito de uma campanha publicitária. O direito à privacidade foi reconhecido e, a partir daqui, a consolidação jurisprudencial e a consagração legislativa do mesmo rapidamente se expandiram, não apenas noutros Estados dos Estados

Unidos da América, como na Europa Ocidental. A propósito da evolução do conceito, no ordenamento norte-americano, veja-se também MENEZES CORDEIRO, *Tratado de Direito Civil Português*, I, Parte Geral, Tomo III, Pessoas, Almedina, 2004, pp. 207-210).

    III. O século XX foi pródigo na criação e incremento de técnicas de registo, comunicação e observação, que puseram em risco a salvaguarda da privacidade. O aparecimento do telefone e do telex, num primeiro momento, associados ao surgimento do computador, à evolução tecnológica, ao desenvolvimento das «auto-estradas» de informação e comunicação, da *internet* e do correio electrónico, bem como a evolução da genética, transformaram o mundo «*numa autêntica vitrina onde vegeta o homem...nu*» (JANUÁRIO DA COSTA GOMES, *O Problema da Salvaguarda do Computador*, ob. cit., p. 34). O direito à intimidade da vida privada, mais do que nunca, impõe-se como um imperativo necessário para efeitos de protecção da pessoa humana e da sua intimidade face ao pulverizar de sofisticados meios que a técnica hodierna põe à disposição da devassa da vida privada. Não em termos absolutos, ou como elemento de obstrução ao desenvolvimento tecnológico e científico, mas como factor que, numa fórmula de compromisso, permite modelar a evolução tecnológica, impondo-lhe alguns limites de molde a garantir uma eficaz protecção da pessoa humana, da sua privacidade e dignidade.

    IV. O direito à intimidade da vida privada mostra-se consagrado no preceito sob anotação através de uma fórmula pouco precisa, que para além da proclamação de um princípio geral (*todos devem guardar reserva quanto à intimidade da vida privada de outrem*), parece fazer apelo a um sistema móvel: o teor e o reconhecimento do direito em causa variam consoante a *natureza do caso* e a *condição das pessoas*. O direito à reserva da intimidade da vida privada não é, portanto, um direito uniformemente aplicável: a sua aplicação deve variar em função dos elementos materiais fornecidos pelo caso concreto. Mais do que isso: o preceito em causa não nos faculta indicações precisas a propósito do conteúdo do direito à reserva da intimidade da vida privada. Cumpre à doutrina e jurisprudência fazê-lo (cf., a este propósito,

RODRIGUES BASTOS, *Das relações jurídicas segundo o Código Civil de 1966*, Vol I., 1967, p. 21. No mesmo sentido, JANUÁRIO DA COSTA GOMES, *O problema da salvaguarda do computador*, ob. cit., p. 30, que alude à vantagem de o juiz não se mostrar vinculado por uma definição legislativa, de forma a poder precisar, caso a caso, o conteúdo e os limites do referido direito).

V. No essencial, o preceito sob anotação deixa três questões por resolver:

a) Em primeiro lugar, cumpre apurar o que se entende por vida privada, demarcando-a do conceito de vida pública;

b) Num segundo momento, cumpre apurar o que fica abrangido pela intimidade da reserva da vida privada: toda a vida privada é reservada, ou apenas parte desta?

c) Em terceiro lugar, importa averiguar sobre se o direito à reserva da intimidade da vida privada proscreve, apenas, a *divulgação* de informações sobre a vida privada e familiar de outrem, ou se mais do que isso ele impede também o *acesso* de estranhos a informações sobre a vida privada e familiar.

VI. Quanto à primeira questão, cumpre antes de mais constatar o óbvio: *vida privada* é toda aquela que não é *pública*. A vida privada cessa onde começa a vida pública. Nela (vida privada) se incluem, designadamente, a vida doméstica, familiar, sexual e afectiva, bem como o estado de saúde das pessoas. O âmbito material da vida privada não pode ser resumido a uma única fórmula, de onde constem todos os aspectos merecedores da tutela do direito. Tratar-se-ia de missão impossível. Há-de acolher-se, como tal, um conceito aberto, que compreenda «*todos aqueles actos que, não sendo secretos em si mesmos, devem subtrair-se à curiosidade pública por naturais razões de resguardo e melindre, como os sentimentos e afectos familiares, os costumes da vida e as vulgares práticas quotidianas, a vergonha da pobreza e as renúncias que ela impõe e, até, por vezes o amor da simplicidade, a parecer desconforme com a grandeza dos cargos e a elevação das posições sociais: em suma, tudo: sentimentos, acções e abstenções que podem ser altamente meritórios do ponto de vista da pessoa a que se referem mas que, vistos do exterior, tendem a apoucar a ideia que delas faz o público em geral»* (Cf. RODRIGUES BASTOS, ob. cit., p. 12, citado em PARECER DA PROCURADORIA GERAL DA REPÚBLICA, n.º 121/80, de 23 de Julho de 1981, *Segredo de Justiça, Liberdade de Informação e Protecção da Vida Privada*, in BMJ n.º 309, p. 142.). Estão em causa, consequentemente, aspectos que se prendem com as experiências, lutas e paixões pessoais de cada um e que não devem, enquanto tal, ser objecto da curiosidade do público [cf. ADRIANO DE CUPIS, *Direitos da Personalidade* (trad. portuguesa), Morais Editora, Lisboa, 1961, pp. 142-145]. Ou, dito de outro modo, estão em causa factos da vida privada cujo titular apenas pretende partilhar com aqueles que lhe estão mais próximos, como os seus familiares, amigos ou conhecidos.

VII. A doutrina tem tentado ir mais longe, distinguindo várias esferas que compreendem a vida de cada um, com recurso, em regra, à habitualmente denominada teoria das três esferas:

a) A *esfera íntima* (ou secreta), que compreende todos os factos que devem, objectivamente, ser inacessíveis a terceiros e protegidos da curiosidade alheia, designadamente os que digam respeito a aspectos da vida familiar, a comportamentos sexuais, a práticas e convicções religiosas e ao estado de saúde das pessoas. A esfera íntima, em princípio, é absolutamente protegida;

b) A *esfera privada*, que compreende todos os factos cujo conhecimento o respectivo titular tem, subjectivamente, o interesse em guardar para si, designadamente factos atinentes à sua vida profissional, ao seu domicílio ou aos seus hábitos de vida. A esfera privada é apenas relativamente protegida, podendo ceder em caso de conflito com outro direito ou interesse público;

c) A *esfera pública*, que compreende todos os factos e situações do conhecimento público, que se verificam e se desenvolvem perante toda a comunidade e que por esta podem ser genericamente conhecidos e divulgados (a propósito da teoria das esferas, veja-se MENEZES CORDEIRO, *Tratado de Direito Civil Português*, I, Parte Geral, Tomo III, Pessoas, Almedina, Coimbra, 2004, pp. 199-201, onde se distinguem, para além das aludidas três esferas, as esferas *individual-social* e *secreta*. Veja-se, também, PEDRO PAIS DE VASCONCELOS, *Teoria Geral do Direito Civil*, 3.ª ed., Almedina, Coimbra, 2005, pp. 64-65, para quem o recurso à teoria das três esferas é puramente formal e de alcance redutor).

VIII. O círculo de reserva da intimidade da vida privada não é uniforme e não segue padrões absolutos: assim o determina expressamente o número 2 do preceito sob anotação. A reserva é definida conforme a *natureza do caso* (ou seja, a esfera da vida privada que esteja em causa) e a *condição das pessoas*. O homem público, ainda que mantenha o direito à reserva da sua privada, não pode invocá-lo da mesma forma que um simples cidadão comum. A revelação pública das negociações tendentes à contratação de um desportista de alta competição é lícita e aceitável. Já não o será quando o visado seja um cidadão comum. Em todo o caso, «as chamadas "figuras públicas" (...) têm o mesmo direito à privacidade que todas as pessoas. Admitir para elas um estatuto pessoal degradado seria inconstitucional e colidiria com o princípio da igualdade» (cf. PEDRO PAIS DE VASCONCELOS, *Teoria Geral do Direito Civil*, 3.ª ed., Almedina, Coimbra, 2005, pp. 66-67). Para efeitos de apuramento do círculo de reserva da intimidade da vida privada, duas vias são teoricamente concebíveis: ou partir de uma ideia geral de permissibilidade de acesso à intimidade da vida privada e familiar de outrem e, a partir daí, descortinar esferas pessoais absoluta ou relativamente protegidas ou, inversamente, partir do princípio que toda e qualquer ingerência na intimidade é inadmissível, sendo lícitas, apenas, algumas intromissões em especial, quando justificáveis à luz de determinados interesses superiores. Julga-se ser de aplicar a segunda via. A reserva da privacidade deve ser considerada a regra e não a excepção (cf. PEDRO PAIS VASCONCELOS, *Teoria Geral*, ob. cit., p. 65). Assim o impõem a natureza do direito à privacidade como um direito de personalidade, por um lado, e a sua consagração constitucional como direito fundamental. O direito à reserva deve cessar, apenas, perante factos e circunstâncias que fundam direitos de outras pessoas e quando um interesse superior o exija, em termos tais que se torne inexigível a sua manutenção. Há-de ser-se particularmente intransigente quando esteja em causa a *esfera íntima* da pessoa em causa e menos exigente quando estejam em causa factos que integram a sua *esfera privada*.

IX. Da fórmula emergente do número 1 do presente preceito (*Todos devem guardar reserva quanto à intimidade da vida privada de outrem*) parece resultar a ideia de que apenas a *divulgação* de aspectos da vida privada se mostra vedada. O *acesso* a estas informações seria, como tal, livre e ilimitado, desde que mantida a reserva. Não pode ser este o sentido a retirar daquele preceito legal: a fórmula em causa abrange os casos em que o conhecimento dos factos atinentes à intimidade da vida privada foi autorizado pelos próprios ou por estes dado a conhecer. Quando assim suceda, deve entender-se que o *acesso* é lícito, porque permitido, sendo ilícita a *divulgação* dos factos em causa. Simplesmente, pode suceder que os interessados nunca cheguem a autorizar o *acesso* à sua vida privada. Quando assim suceda, é o próprio conhecimento destes factos que merece ser salvaguardado: para além de proscrever a *divulgação* ilícita de factos da vida íntima, o direito em causa não admite, por maioria de razão, o *acesso* e a intromissão abusivos e não autorizados. Da fórmula restrita do art. 80.º, n.º 1, «*não pode ser retirada, "a contrario", a licitude da invasão da privacidade alheia desde que mantida a reserva*» (Cf. Pedro Pais Vasconcelos, *Teoria Geral*, ob. cit., p. 67.) *Acesso* e *divulgação* são a face e a contraface da mesma moeda. Trata-se, de resto, de uma questão que surge absolutamente clara no âmbito do Código do Trabalho – o artigo 16.º, n.º 2, do Código do Trabalho, determina expressamente que «*o direito à reserva da intimidade da vida privada abrange quer o **acesso**, quer a **divulgação** de aspectos atinentes à esfera íntima e pessoal das partes, nomeadamente relacionados com a vida familiar, afectiva e sexual, com o estado de saúde e com as convicções políticas e religiosas*». Trata-se, também neste caso, de uma situação que elucida o carácter complementar de ambos os regimes e a necessidade de ambos se articularem, dentro de uma lógica unitária e à luz de uma ideia de *sistema* (a propósito da «unidade do Direito» e da «ideia de sistema», veja-se, *supra*, o parágrafo VI da «Introdução»).

ARTIGO 81.º
(Limitação voluntária dos direitos de personalidade)

1. Toda a limitação voluntária ao exercício dos direitos de personalidade é nula, se for contrária aos princípios da ordem pública.
2. A limitação voluntária, quando legal, é sempre revogável, ainda que com obrigação de indemnizar os prejuízos causados às legítimas expectativas da outra parte.

I. O preceito sob anotação admite a limitação voluntária dos direitos de personalidade, mas em termos muito restritivos:

a) Por um lado, ao admitir a limitação voluntária, proscreve a renúncia;

b) Por outro lado, mesmo quanto à limitação voluntária, proclama a sua nulidade caso esta se afigure contrária aos princípios da ordem pública;

c) Em terceiro lugar, admite a livre revogabilidade da limitação voluntária, ainda que com a obrigação de indemnizar os prejuízos causados às legítimas expectativas da contraparte.

III. Para além dos casos de nulidade por ofensa aos princípios da *ordem pública*, expressamente invocados no número 1 do preceito sob anotação, importa aplicar à limitação voluntária os demais requisitos previstos no artigo 280.º, que condicionam a validade do negócio jurídico, nomeadamente a *determinabilidade* (a limitação deve ser delimitada quanto aos seus termos, ao tempo e à finalidade) e a não-contrariedade aos *bons costumes* (relacionada com aspectos atinentes à moral sexual e familiar) (cf. cf. MENEZES CORDEIRO, *Tratado de Direito Civil Português*, I, Parte Geral, Tomo III, Pessoas, Almedina, 2004, p. 198, a propósito do direito à imagem).

IV. O preceito em apreço, atenta o papel desempenhado pelo Direito Civil, enquanto Direito (privado) comum, aplica-se subsidiariamente ao regime dos direitos de personalidade consagrado no Código do Trabalho e *infra* analisado: a limitação voluntária, seja pelo trabalhador, seja pelo empregador ou pelas pessoas singulares que o representam, dos direitos de personalidade previstos naquele diploma, rege-se pelo regime do preceito ora anotado e obedece aos requisitos *supra* enunciados.

II – CÓDIGO DO TRABALHO

LIVRO I – **Parte Geral**

TÍTULO I – **Fontes e Aplicação do Direito do Trabalho**

CAPÍTULO I – **Disposições Gerais**

SECÇÃO II – **Sujeitos**

SUBSECÇÃO I – **Capacidade**

ARTIGO 14.º
(Princípio geral)

A capacidade para celebrar contratos de trabalho regula-se nos termos gerais e pelo disposto neste Código.

I. O presente preceito corresponde no essencial ao artigo 3.º da Lei do Contrato de Trabalho (LCT), devendo relacionar-se com os artigos 66.º a 69.º e 122.º e ss. do Código Civil e com os artigos 53.º e ss. do Código do Trabalho.

II. Regista-se, todavia, uma alteração significativa na redacção do presente preceito relativamente à do artigo 3.º da LCT: ao passo que na LCT se afirmava que a capacidade para celebrar contratos de trabalho se regula nos termos gerais de direito, no preceito sob anotação admite--se também a existência de regras especiais no Código do Trabalho quanto à capacidade das partes para efeitos de celebração deste tipo contratual.

III. O Código do Trabalho contém efectivamente (à semelhança, de resto, do disposto nos artigos 122.º e 123.º da LCT) regras especiais quanto à capacidade dos trabalhadores menores para celebrar contratos de trabalho, que encerram diferenças de regime significativas relativamente ao regime geral das incapacidades de exercício do Código Civil.

IV. Assim, ao passo que nos artigos 122.º e ss. do Código Civil as regras de incapacidade de exercício giram em torno da ideia de falta de discernimento dos incapazes (*v.g.* dos menores) para a prática de actos e negócios jurídicos, no Código do Trabalho o que está em causa, no essencial, é a protecção dos menores tendo em vista a salvaguarda do seu desenvolvimento físico, psíquico e moral, da sua educação e formação.

V. Ao passo que nos termos gerais do Código Civil o menor, enquanto pessoa incapaz de exercer pessoal e livremente os seus direitos, não pode celebrar directamente negócios jurídicos (salvo nos casos excepcionais do artigo 127.º), exigindo-se o suprimento da incapacidade pelo poder paternal (artigo 124.º), no artigo 58.º do Código do Trabalho admite-se que o contrato de trabalho seja celebrado directamente pelo menor, nos termos que se passam a assinalar: é válido o contrato celebrado directamente com o menor que tenha completado 16 anos de idade e tenha concluído a escolaridade obrigatória, salvo oposição escrita dos seus representantes legais (n.º 1); o contrato celebrado directamente com o menor que não tenha completado 16 anos de idade ou não tenha concluído a escolaridade obrigatória é igualmente válido, exigindo-se no entanto uma autorização escrita dos seus representantes legais (n.º 2).

VI. Ao passo que nos termos do artigo 127.º, n.º 1, alínea *a)*, do Código Civil apenas tem capacidade para receber a retribuição o menor com idade igual ou superior a 16 anos, no n.º 5 do artigo 58.º do Código do Trabalho dispõe-se que qualquer menor que seja admitido a prestar trabalho, ainda que não tenha completado 16 anos, tem capacidade para perceber a retribuição, salvo oposição escrita dos seus representantes legais.

VII. Em suma: ao contrário do regime previsto no Código Civil, no Código do Trabalho o papel do representante legal quanto à celebração de contratos de trabalho por parte de menores fica circunscrito à autorização, quanto aos menores com idade inferior a 16 anos ou relativamente aos que não concluíram a escolaridade obrigatória (artigo 58.º, n.º 1), ou à oposição, no que tange aos menores com idade igual ou superior a 16 anos e que tenham concluído a escolaridade obrigatória (artigo 58.º, n.º 2) ou para efeitos de recepção da retribuição (artigo 58.º, n.º 5). Justifica-se assim a nova redacção do presente preceito, face à do artigo 3.º da Lei do Contrato de Trabalho (a propósito da capacidade dos menores para efeitos de celebração de contratos de trabalho, veja-se nomeadamente Romano Martinez, *Direito do Trabalho*, 2ª ed., Almedina, Coimbra, 2005, pp. 367-371).

SUBSECÇÃO II – **Direitos de personalidade**

ARTIGO 15.º
(Liberdade de expressão e de opinião)

É reconhecida no âmbito da empresa a liberdade de expressão e de divulgação do pensamento e opinião, com respeito dos direitos de personalidade do trabalhador e empregador, incluindo as pessoas singulares que o representam, e do normal funcionamento da empresa.

I. A Subsecção em apreço, atinente à tutela dos direitos de personalidade, é globalmente inovadora no ordenamento laboral nacional, na medida em que integra um conjunto sistematizado de preceitos que garantem a defesa dos direitos de personalidade dos sujeitos laborais, na esteira do personalismo ético que anima o Código do Trabalho (veja-se, a este propósito, a «Exposição de Motivos da Proposta do Código do Trabalho»). Trata-se de um regime especial, relativamente ao consagrado nos artigos 70.º e ss. do Código Civil, *supra* analisado, mas que não deixa de ter pontos de contacto com o mencionado regime civil. A matéria dos direitos de personalidade é determinante, numa lógica de protecção da dignidade humana, assumindo uma importância crescente na sociedade hodierna. O Direito do Trabalho não foge à regra e não era aceitável, consequentemente, que o mesmo permanecesse à margem desta lógica de protecção da pessoa e dos bens que directamente lhe dizem respeito. Pelo contrário: as especificidades deste ramo do Direito não só justificavam, como aconselhavam a consagração de um regime autónomo no domínio dos direitos de personalidade. A razão é simples de enunciar: a situação jurídico-laboral põe em confronto os interesses das partes contratuais de forma manifesta e vincada; na esfera jurídica do empregador, eleva-se a desiderato principal a salvaguarda dos interesses da empresa, mediante o recurso a instrumentos de gestão dinâmicos e flexíveis; na esfera do trabalhador, joga-se fundamentalmente com a tutela dos respectivos interesses pessoais e patrimoniais, com a segurança no emprego, a garantia salarial e a conciliação entre a vida profissional e a vida privada. Mais do que qualquer outra situação jurídica relativa, a relação jurídico-laboral atinge de forma particularmente significativa a esfera privada e a dignidade do trabalhador, na medida em que assenta numa estrutura de direcção-subordinação. Não fazia sentido, consequentemente, que precisamente neste domínio não existissem previsões normativas específicas especialmente concebidas para garantir a protecção dos direitos de personalidade, em especial do trabalhador, enquanto contraente mais débil.

II. O Direito do Trabalho, desde a famosa Questão Social, sempre avançou gradualmente no sentido da limitação das arbitrariedades e do poder de direcção do empregador: numa primeira fase através da imposição de limites à jornada do trabalho, da proscrição do trabalho infantil e da protecção das trabalhadoras grávidas; mais tarde, no sentido da protecção do emprego e das limitações ao despedimento, bem como no do reforço dos direitos de participação colectiva. Importava, agora, atender a novos problemas, mais sofisticados, próprios da sociedade laboral hodierna, em que o exercício dos poderes patronais lança mão da ciência e da tecnologia para efeitos de controlo e gestão da unidade produtiva. A panóplia de meios susceptíveis de atingir a esfera privada e a dignidade dos trabalhadores alargou-se. O desenvolvimento da informática, a utilização e manuseamento de tecnologias de informação e de comunicação, o incremento e utilização de técnicas de captação e armazenamento de imagens e de dados pessoais, bem como a utilização da ciência médica para efeitos de realização de testes ou exames destinados a despistar doenças infecto-contagiosas ou o consumo de drogas e de álcool por parte do trabalhador, tornaram-se uma constante. O Direito do Trabalho não mais se podia alhear destas questões emergentes, tendo o Código do Trabalho, neste contexto, consagrado expressamente direitos de personalidade especificamente aplicáveis à relação laboral, prescindindo-se por esta via de eventuais esquemas de transposição directa ou indirecta de preceitos constitucionais e de regras ou princípios do Direito Civil. Trata-se, pois, de um avanço, que importa registar (relativamente à tutela pessoal do trabalhador, veja-se nomeadamente MENEZES CORDEIRO, «O respeito pela esfera privada do trabalhador», *in I Congresso Nacional de Direito do Trabalho*, Almedina, Coimbra, 1998, pp. 20 e ss., e «A liberdade de expressão do trabalhador», *in II Congresso Nacional de Direito do Trabalho*, Almedina, Coimbra, 1999, pp. 24 e ss.; JOSÉ JOÃO ABRANTES, «Contrato de trabalho e direitos fundamentais», *in II Congresso Nacional de Direito do Trabalho*, Almedina, Coimbra, 1999, pp. 105 e ss. e *Contrat de travail et droits fondamentaux – contibution à une dogmatique commune européenne, avec référence spéciale au droit allemand e tau droit portugais*, Frankfurt am Main, 2000; MARIA DO ROSÁRIO RAMALHO, «Contrato de trabalho e direitos fundamentais», *in Estudos em Homenagem à Professora Doutora Isabel de Magalhães Collaço*, Volume II, Almedina, Coimbra, 2002, pp. 393-417, GUILHERME DRAY «Justa causa e esfera privada» *in Estudos do Instituto de Direito do Trabalho, II*, Almedina 2001, pp. 35-91).

III. De entre as situações jurídicas de vantagem que têm por escopo a tutela da situação pessoal do trabalhador e que foram consagradas no Código do Trabalho, destacam-se a *liberdade de expressão e de opinião* no local de trabalho (artigo 15.º), o *direito à reserva da intimidade da vida privada* (artigo 16.º), o *direito à integridade física e moral* (artigo 18.º), que compreende o regime relativo à realização de testes e exames médicos (art. 19.º) e o *direito de reserva e confidencialidade* relativamente ao conteúdo das mensagens de natureza pessoal e acesso a informação de carácter não profissional que o trabalhador envie, receba ou consulte, nomeadamente através do correio electrónico (artigo 21.°). Para além deste articulado, importa igualmente ter em atenção o regime atinente à utilização de *meios de vigilância a distância* (artigo 20.°, regulamentado pelo artigo 28.° da Legislação Especial do Código do Trabalho (LECT), aprovada pela Lei n.° 35/2004, de 29 de Julho, que regulamenta o Código do Trabalho), bem como o do *tratamento de dados biométricos* (artigo 27.° da referida LECT). O regime em causa apresenta um traço denominador comum: visa-se garantir um justo equilíbrio entre a manutenção na esfera jurídica do trabalhador dos direitos que lhe assistem enquanto cidadão e o princípio da liberdade de gestão empresarial.

IV. Os preceitos que integram esta Subsecção consagram um conjunto meramente indicativo de direitos de personalidade: à semelhança do que sucede nos artigos 71.° e seguintes do Código Civil, *supra* comentados, enunciam-se apenas os direitos de personalidade que à partida aparentam ter uma maior projecção na relação de trabalho. Nessa medida, sempre que tal se justifique, os preceitos em apreço devem ser conjugados (e complementados) a três níveis:

a) Deve atender-se aos direitos de personalidade positivados na Constituição (artigos 26.° e ss.), bem como, sempre que esteja em causa a sua aplicação, ao artigo 18.°, n.° 2, da Lei Fundamental – a compressão dos direitos de personalidade deve limitar-se ao necessário para salvaguardar outros direitos ou interesses constitucionalmente protegidos, segundo critérios de proporcionalidade e de adequação;

b) Importa ter em consideração o regime da tutela geral da personalidade e os direitos especiais de personalidade previstos no Código Civil (artigos 70.° e 71.° e ss.), bem como com o regime da limitação voluntária dos direitos de personalidade consagrado no artigo 81.° deste último diploma;

c) Deve, enfim, ser tido em consideração o Capítulo IV da LECT, designadamente os artigos 27.° (*Dados biométricos*) e 28.°

(*Utilização de meios de vigilância a distância*). O artigo 28.º da LECT regulamenta o disposto no artigo 20.º do Código do Trabalho, para cuja anotação se remete; o artigo 27.º, por sua vez, estabelece um regime próprio para a utilização de dados biométricos do trabalhador, nos seguintes termos:

– O empregador só pode tratar dados biométricos do trabalhador após notificação à Comissão Nacional de Protecção de Dados, acompanhada de parecer da comissão de trabalhadores ou, dez dias após a consulta, comprovativo de pedido de parecer;
– O tratamento de dados biométricos só é permitido se os dados a utilizar forem necessários, adequados e proporcionais aos objectivos a atingir;
– Os dados biométricos são conservados durante o período necessário para a prossecução das finalidades do tratamento a que se destinam, devendo ser destruídos no momento da transferência do trabalhador para outro local de trabalho ou da cessação do contrato de trabalho).

V. O regime dos direitos de personalidade positivado no Código do Trabalho pode, assim, ser sinteticamente caracterizado da seguinte forma:

1.º – Trata-se de um *regime novo e recente*, que ao contrário de muitos outros aspectos (a maioria deles) contemplados no Código do Trabalho, não constitui um ponto de chegada, próprio de uma codificação, mas sim um ponto de partida, que carece de ser sedimentado a nível doutrinário e jurisprudencial. Trata-se de um dado a reter: a matéria em apreço, porventura mais do que qualquer outra positivada no Código, contém todos os ingredientes para que o seu desenvolvimento e sedimentação seja levado a efeito em grande medida pela jurisprudência: a novidade da regulação, a circunstância de se tratar de matéria que apela à tutela da dignidade humana e à protecção dos direitos de personalidade (i.e., de matéria que envolve os princípios estruturantes do sistema), a ausência (propositada) de conceitos rígidos e o recurso a conceitos indeterminados, determinam, em conjunto, que exista aqui um largo espaço para a concretização e para a sedimentação desta matéria, tendo sempre como pano de fundo a ideia estruturante do sistema, consistente na protecção dos direitos de personalidade do trabalhador e da reserva da intimidade da sua vida privada.

2.º– Trata-se de um regime que visa, acima de tudo, a protecção dos direitos de personalidade do trabalhador, mas que não esquece por outro lado que tais princípios não são absolutos, podendo nalguns casos e segundo princípios de necessidade, adequação valorativa e proporcionalidade, ser limitados, nomeadamente quando embatam no princípio da liberdade de gestão empresarial.

3.º– Trata-se de um regime que em nome da referida adequação valorativa, descarta a conceitualização jurídica e o silogismo judiciário, assente na recondução automática de certos factos a determinados conceitos jurídicos. Compreende-se que assim seja: uma matéria desta natureza, que joga nomeadamente com a articulação de dois princípios tendencialmente opostos (*protecção do contraente mais débil* e *liberdade de gestão empresarial*) é, por natureza, avessa à positivação de previsões normativas rígidas. Tratar-se-ia de tarefa impossível saber e definir à partida, através de conceitos jurídicos rígidos, em que casos e em que circunstâncias é que se admite, por exemplo, que o empregador possa, a título excepcional (e segundo os aludidos princípios da proporcionalidade, necessidade e adequação valorativa) solicitar ao trabalhador informações relacionadas com a sua vida privada na medida em que estas sejam relevantes para efeitos da execução do contrato de trabalho (art. 17.º); ou solicitar informações relacionadas com as respectivas condições físicas ou psíquicas, quando esteja em causa a protecção do trabalhador ou de terceiros (19.º); no mesmo sentido, seria tarefa impossível definir, à partida, em que casos e circunstâncias é que o empregador pode utilizar, a título excepcional, meios de vigilância a distância (20.º). O recurso a conceitos indeterminados, para além de necessário, é útil: possibilita o avanço da ciência jurídica, garante mobilidade ao sistema e permite que se faça a ponte entre os ideais de «generalidade e segurança jurídica», por um lado, e a «justiça do caso concreto», por outro lado, dentro da lógica do sistema. Fica claro, à luz deste regime, que o juiz não pode, em caso algum, funcionar como um simples autómato que se limita a aplicar a lei através da recondução automática de certos factos a determinadas previsões normativas. Perante a complexidade das situações e sem descurar a ideia de protecção dos direitos de personalidade, o juiz deve superar raciocínios meramente formais na aplicação do Direito, próprios de uma jurisprudência dos conceitos, largamente ultrapassada.

4.º– Trata-se de um regime especial, relativamente ao regime constitucional e civil dos direitos de personalidade, na exacta medida em que procura adaptar-se às especificidades próprias do Direito do Trabalho. Em todo o caso, não se trata naturalmente de um regime autónomo e independente da tutela constitucional e civil dos direitos de personalidade, por três razões basilares:

a) Em primeiro lugar, porque estando em causa a tutela geral da personalidade, o diálogo entre os vários ramos do Direito é determinante, numa interdependência inafastável (a propósito da crescente socialização do Direito Civil e da apropriação, por este ramo de Direito, do princípio da tutela do contraente mais débil, que anteriormente constituía o exclusivo de alguns ramos de Direito em especial, como o Direito do Trabalho, veja-se MARIA DO ROSÁRIO RAMALHO, *Da Autonomia Dogmática do Direito do Trabalho*, Almedina, Coimbra, 2001, pp. 499 e ss.). A unidade do Direito é uma característica fundamental da Ciência Jurídica: garante estabilidade e previsibilidade, previne a ausência de contradições na ordem jurídica e representa, na sua pureza, a realização da tendência generalizadora da justiça, enquanto corolário do princípio da igualdade. A «interpretação sistemática» e a «interpretação conforme com a Constituição» não só se justificam, como se impõem, em especial nesta área tão sensível.

b) Em segundo lugar, porque os preceitos que integram esta Subsecção consagram um conjunto meramente indicativo de direitos de personalidade, à semelhança do que sucede nos artigos 71.º e ss. do Código Civil. Nessa medida, sempre que tal se justifique, os preceitos em apreço devem ser conjugados (e complementados) com os direitos de personalidade positivados na Constituição (arts. 26.° e ss.), com o regime da tutela geral da personalidade e os direitos especiais de personalidade previstos no Código Civil (arts. 70.° e 71.° e ss.) e com o regime da limitação voluntária dos direitos de personalidade, consagrado no artigo 81.° do Código Civil, ambos *supra* comentados.

c) Em terceiro e último lugar, por força da aplicação do disposto no artigo 18.°, n.° 2, da CRP e do artigo 335.° do Código Civil, segundo o qual a compressão dos direitos de personalidade deve limitar-se ao necessário para salvaguardar outros direitos ou interesses constitucionalmente protegidos, segundo critérios de proporcionalidade e de adequação. Por outras palavras, os direitos de personalidade só podem ceder se à luz de critérios de proporcionalidade e adequação os benefícios que o empregador possa retirar dessa compressão sejam superiores aos prejuízos daí decorrentes para o trabalhador.

5.°– Trata-se de um regime que pretende ser abrangente, no sentido em que se aplica quer aos preliminares da formação do contrato (garantindo, nomeadamente, a protecção do candidato a emprego – arts. 17.°, 19.°), quer à execução do contrato, garantindo a protecção dos trabalhadores em geral (arts. 15.° a 21.°) e de algumas categorias de trabalhadores em especial (*v.g.* teletrabalhador – art. 237.° – e trabalhador no domicilio – art. 15.° da LECT); quer à própria cessação do contrato, no domínio da ilicitude do despedimento (arts. 429.° e 438.°, n.° 4).

6.°– Trata-se, por fim, de um regime que, na exacta medida em que resulta do princípio geral da tutela do contraente mais débil, se articula com matérias que lhe são afins, nomeadamente com a aplicação do regime da igualdade e não discriminação e com a proscrição do assédio, previstos nos artigos 22.° e ss. do Código do Trabalho. A aplicação do regime dos direitos de personalidade, implica, em termos sistemáticos, que se tenha em consideração o regime da igualdade e não discriminação. A não contratação de um candidato a emprego, ou o despedimento de um trabalhador, por força de razões que se prendem com a sua vida privada (o seu estado de saúde, os seus hábitos de vida, os seus vícios, a sua vida afectiva ou sexual, as suas crenças e religião, a sua ideologia, as suas convicções político-partidárias) consubstanciam à partida actos ilícitos, não só por serem contrários aos direitos de personalidade positivados na lei, mas também por serem irrazoáveis, arbitrários e contrários, enquanto tal, ao princípio da igualdade.

VI. A matéria dos direitos de personalidade foi concretizada e desenvolvida na LECT, ainda que de forma pouco significativa:

a) Por um lado, criou-se um novo preceito relativo ao tratamento de dados biométricos (art. 27.º). Admite-se que a solução agora contemplada, segundo a qual o empregador só pode tratar dos dados biométricos após notificação à Comissão Nacional de Dados Pessoais e desde que os dados a utilizar sejam necessários, adequados e proporcionais aos objectivos a atingir, já pudesse resultar da aplicação conjugada dos arts. 16.º e 17.º do Código do Trabalho. Em todo o caso, a questão ficou, por esta via, perfeitamente esclarecida.

b) Por outro lado, relativamente à utilização de meios de vigilância a distância, passou a exigir-se uma autorização prévia da Comissão Nacional da Protecção de Dados (art. 28.º) e concretizou-se a forma através da qual deve ser cumprido o dever de informação quanto à existência de meios de vigilância a distância que envolvam a utilização de circuitos fechados de televisão, através da afixação de determinados dizeres (art. 29.º).

VII. Em suma:

1.º– O Código garante a tutela dos direitos de personalidade quer do candidato a emprego, quer do trabalhador;

2.º– A tutela em apreço abrange, quer os preliminares da formação contratual, quer a execução do mesmo, quer o regime da cessação do contrato, envolvendo a generalidade dos trabalhadores, bem como algumas categorias de trabalhadores (ou quase trabalhadores) em especial (v.g. teletrabalhadores e trabalhadores no domicílio);

3.º– O Código admite, contudo, a limitação de alguns direitos de personalidade, sendo certo que a limitação dos mesmos obedece a requisitos substantivos (tal limitação só é possível nalguns casos excepcionais e segundo princípios de necessidade, proporcionalidade e adequação), requisitos formais (*v.g.* a entrega da respectiva fundamentação ao trabalhador, por escrito) e requisitos procedimentais (exigindo-se, nalguns casos, a intervenção de um médico e, noutros, quanto ao tratamento de dados pessoais, a intervenção da Comissão Nacional de Proteção de Dados).

4.º– Compete agora aos tribunais começar a firmar jurisprudência (uma jurisprudência necessariamente valorativa e axiológica) sobre esta matéria.

VIII. O preceito sob anotação, que ora se passa a comentar em concreto, não tem correspondência na anterior legislação laboral. Apresenta pontos de contacto com o artigo 37.º da Constituição e afinidades com o artigo 1.º do *Statuto dei Lavoratori* (Itália) e o artigo L 120.2 do *Code du Travail* (França).

IX. A liberdade de expressão e de opinião no âmbito da empresa constitui uma condição necessária à tutela da dignidade do trabalhador. A circunstância de o trabalhador se obrigar a prestar uma actividade sob as ordens e direcção de outrem em regime de subordinação jurídica não significa que lhe esteja vedada a possibilidade de expor e divulgar livremente no local de trabalho o seu pensamento e opinião acerca de múltiplos aspectos da vida social, como se de um normal cidadão se tratasse. O presente artigo admite, nomeadamente, que um trabalhador possa expor livremente as suas ideias e opiniões políticas no local de trabalho, que nele possa ostentar emblemas alusivos a um determinado candidato ou partido político ou que possa afirmar livremente as suas convicções ou preferências religiosas, sindicais, clubísticas ou culturais.

X. A liberdade de expressão e de opinião no local de trabalho não é todavia absoluta e ilimitada: a segunda parte do preceito determina que a referida situação de vantagem cessa na medida em que do seu exercício resulte a ofensa dos direitos de personalidade de outros sujeitos laborais ou quando o mesmo seja susceptível de afectar o normal funcionamento da empresa. Assim, não será lícito ao trabalhador, por exemplo, em nome da liberdade de expressão e de opinião, injuriar ou difamar um colega de trabalho, o empregador ou quem o represente, assim como não gozarão de cobertura legal quaisquer manifestações colectivas ou individuais de trabalhadores no local e tempo de trabalho que perturbem o processo produtivo e o normal funcionamento da empresa. Tratar-se-á, em tais casos, de comportamentos ilícitos, com relevância disciplinar. A invocação da liberdade de expressão e de opinião, nestes casos, como causa de exclusão da ilicitude, consubstancia uma hipótese típica de abuso do direito (artigo 334.º do Código Civil). O próprio artigo 37.º, n.º 3, da Constituição, de resto, admite a possibilidade de serem cometidas infracções no exercício do direito em causa.

ARTIGO 16.º
(Reserva da intimidade da vida privada)

1. O empregador e o trabalhador devem respeitar os direitos de personalidade da contraparte, cabendo-lhes, designadamente, guardar reserva quanto à intimidade da vida privada.
2. O direito à reserva da intimidade da vida privada abrange quer o acesso, quer a divulgação de aspectos atinentes à esfera íntima e pessoal das partes, nomeadamente relacionados com a vida familiar, afectiva e sexual, com o estado de saúde e com as convicções políticas e religiosas.

I. O presente artigo não tem correspondência na anterior legislação laboral. Apresenta pontos de contacto com o artigo 26.º da Constituição e com os artigos 70.º e 80.º do Código Civil (*supra* comentados) e afinidades com o artigo 328.º do Código Suíço, artigo 373.º A da Consolidação das Leis do Trabalho (Brasil) e artigo 4.º do *Estatuto de los Trabajadores* (Espanha).

II. O preceito em anotação afirma como princípio geral a necessidade de os sujeitos laborais respeitarem reciprocamente os direitos de personalidade da contraparte, em especial o direito à reserva da intimidade da vida privada. O preceito em causa assume, consequentemente, uma dupla função: por um lado, afirma a tutela geral da personalidade dos sujeitos laborais, à semelhança do disposto no artigo 70.º, n.º 1, do Código Civil; por outro lado, eleva o direito à reserva da intimidade da vida privada daqueles sujeitos à categoria de direito de personalidade em especial, com contornos próprios.

A reserva da intimidade da vida privada marca e influencia o regime dos testes e exames médicos (artigo 19.º) e o da confidencialidade de mensagens e de acesso a informação (artigo 21.º). A reserva da intimidade da vida privada, todavia, enquanto bem autónomo, é consagrada no preceito sob anotação, demarcando-se do alcance especialmente redutor daquelas duas concretizações. Assim, se alguém exige ao candidato a emprego ou ao trabalhador a realização ou apresentação de testes ou exames médicos para comprovação das respectivas condições físicas ou psíquicas, fora dos casos legalmente admitidos, é o regime do artigo 19.º que é posto em crise; no mesmo sentido, se o empregador publicita uma mensagem de natureza pessoal que o trabalhador receba no respectivo local de trabalho, nomeadamente através de correio electrónico, é o direito à confidencialidade de mensagens que é posto em causa (artigo 21.º) e não propriamente o regime do direito à intimidade da vida privada (artigo 16.º).

A propósito do direito à reserva da intimidade da vida privada, o preceito sob anotação afirma expressamente – contrariamente ao alcance aparentemente redutor do artigo 80.º do Código Civil, para cuja anotação se remete – que o direito à reserva da intimidade da vida privada abrange quer o *acesso*, quer a *divulgação* de aspectos atinentes à esfera íntima e pessoal das partes, o que significa que para além da intromissão, também a difusão de tais elementos não é permitida. Assim, mesmo nos casos em que haja consentimento por parte do trabalhador quanto à tomada de conhecimento pelo empregador de determinados aspectos da vida privada daquele, continua a incidir sobre o empregador o dever de os não revelar a terceiros, ou vice versa.

III. O preceito em causa concretiza alguns aspectos que integram a esfera íntima e pessoal das partes – questões relacionadas com a vida familiar, afectiva e sexual, o estado de saúde e as convicções políticas e religiosas dos sujeitos envolvidos. Trata-se de um elenco não exaustivo, pelo que o direito em causa poderá envolver outros aspectos merecedores de idêntico grau de tutela, nomeadamente gostos pessoais e hábitos de vida do trabalhador ou informações relativas ao seu património pessoal. Em todo o caso, a tutela conferida pelo presente artigo só parece justificar-se perante aspectos da vida privada que revistam particular significado ético, sendo de excluir outros factos que por não integrarem a esfera íntima do trabalhador não justificam o presente regime de protecção. Assim, serão de excluir do regime de protecção do presente artigo, por exemplo, questões relacionadas com a experiência profissional do trabalhador, as suas habilitações literárias ou mesmo o seu domicílio. Trata-se de aspectos que ainda que digam pessoalmente respeito ao trabalhador, não integram a sua esfera íntima, além de que podem ser relevantes para a celebração ou execução do contrato de trabalho. Em todo o caso, mesmo nestas situações, importa atender aos princípios gerais da proporcionalidade e adequação: a reserva da vida privada deve ser a regra e não a excepção e a sua limitação só se justifica quando interesses superiores o exijam e dentro dos limites decorrentes do artigo 335.º do Código Civil.

IV. Na esteira do artigo 80.º, n.º 2, do Código Civil (para cuja anotação se remete), importa admitir que o círculo da reserva da intimidade da vida privada não é uniforme e não segue padrões absolutos: a reserva deve ser definida consoante a natureza do caso, sendo legítima a adopção de diferentes concretizações em função do tipo de actividade laboral e do grau de subordinação do trabalhador. Basta atender, por exemplo, ao regime do contrato de trabalho do praticante desportivo, do qual resulta expressamente a obrigatoriedade de o trabalhador (dentro e fora do local e tempo de trabalho) pautar a sua vida privada de forma a preservar a sua condição física, obrigando-se ainda a submeter-se aos exames e tratamentos clínicos necessários à prática desportiva (cf. alíneas *c)* e *d)* do artigo 13.°, da Lei n.° 28/98, de 26 de Junho): trata-se, nesse caso, de uma limitação ao direito à reserva da intimidade da vida privada que decorre da própria lei, atendendo à natureza da prestação laboral.

V. Em princípio, os factos e comportamentos que integram a esfera privada do trabalhador não relevam para efeitos de justa causa de despedimento: assim sucede, nomeadamente, com aspectos que se relacionam com a vida familiar, sexual ou o estado de saúde dos trabalhadores, com a gravidez e a maternidade, o alcoolismo e a toxicodependência. Em certos casos, porém, quando tais factos e circunstâncias sejam susceptíveis de pôr em causa o bom nome, a imagem ou a honorabilidade do empregador, quando a relação de confiança entre as partes seja irremediavelmente afectada ou quando tais comportamentos tornem praticamente inviável a subsistência da relação laboral pelos reflexos causados no serviço e ambiente de trabalho, o despedimento com justa causa pode excepcionalmente justificar-se, reunidos que estejam os pressupostos dos artigos 396.° e 411.°. Assim sucederá, nomeadamente, quando a actuação do trabalhador envolva a violação de deveres laborais acessórios, *maxime* de lealdade, urbanidade e probidade, ou quando tais comportamentos sejam susceptíveis de pôr em causa, de forma efectiva ou potencial, o zelo e diligência devidos na execução do contrato de trabalho – *v.g.* por força do consumo de álcool ou de drogas (veja-se a este propósito GUILHERME DRAY, «Justa causa e esfera privada», *in Estudos do Instituto de Direito do Trabalho*, II, Almedina, 2001, pp. 35-91. Em sede jurisprudencial, por exemplo: Ac. Rel. de Cb. de 28/01/1993, CJ, 1993, I, p. 85; Ac. Rel– Lx de 17/06/93, CJ 1993, III, p. 187; Ac. STJ de 07/12/94, CJ (Acórdãos do STJ), II, Tomo III, 1994; Ac. Rel. Cb. de 01/06/95, CJ, 1995, III, p. 85; Ac. STJ de 03/03/98, CJ (Acórdãos do STJ), 1998, Tomo I, p. 275; Ac. Rel. de 15/12/99, CJ, XXIV, Tomo V, p. 169).

ARTIGO 17.º
(Protecção de dados pessoais)

1. O empregador não pode exigir ao candidato a emprego ou ao trabalhador que preste informações relativas à sua vida privada, salvo quando estas sejam estritamente necessárias e relevantes para avaliar da respectiva aptidão no que respeita à execução do contrato de trabalho e seja fornecida por escrito a respectiva fundamentação.

2. O empregador não pode exigir ao candidato a emprego ou ao trabalhador que preste informações relativas à sua saúde ou estado de gravidez, salvo quando particulares exigências inerentes à natureza da actividade profissional o justifiquem e seja fornecida por escrito a respectiva fundamentação.

3. As informações previstas no número anterior são prestadas a médico, que só pode comunicar ao empregador se o trabalhador está ou não apto para desempenhar a actividade, salvo autorização escrita deste.

4. O candidato a emprego ou o trabalhador que haja fornecido informações de índole pessoal, goza do direito ao controlo dos respectivos dados pessoais, podendo tomar conhecimento do seu teor e dos fins a que se destinam, bem como exigir a sua rectificação e actualização.

5. Os ficheiros e acessos informáticos utilizados pelo empregador para tratamento de dados pessoais do candidato a emprego ou trabalhador ficam sujeitos à legislação em vigor relativa à protecção de dados pessoais.

I. O presente artigo não tem correspondência na anterior legislação laboral. Apresenta pontos de contacto com os artigos 26.º e 35.º da Constituição e com a Lei n.º 67/98, de 26 de Outubro (Lei de Protecção de Dados Pessoais Face à Informática) e afinidades com os artigos 328.º do Código Suíço e L. 121.6 e L 121.7 do *Code du Travail* (França). Por outro lado, importa relacionar o preceito sob anotação com os artigos 97.º e 101.º do Código do Trabalho, atinentes, respectivamente, aos deveres de informação na formação e execução do contrato de trabalho.

II. Ao passo que o artigo anterior consagra a regra geral do direito à reserva da intimidade da vida privada, proscrevendo o acesso não autorizado e a divulgação ilícita de aspectos relativos à esfera pessoal das partes (empregador e trabalhador), o preceito sob anotação disciplina, apenas, as situações em que o empregador solicita ao trabalhador informações relativas à respectiva vida privada, regulando por outro lado o regime da protecção dos dados pessoais que hajam sido fornecidos ao empregador. O âmbito de aplicação pessoal é mais vasto do que o do artigo anterior: para além de abranger as partes do contrato de trabalho – trabalhador e empregador – o preceito em apreço abrange também o candidato a emprego, ou seja, aquele que se relaciona com o empregador nos preliminares da formação contratual, tendo em vista aceder ao emprego. Ficam sob a alçada do preceito, consequentemente, todos os actos e negócios jurídicos que integram os preliminares da formação do contrato de trabalho, nomeadamente provas de selecção prestadas no âmbito de concursos públicos e contratos-promessa de trabalho.

III. Na esteira do direito à reserva da intimidade da vida privada, também aqui se afirma como princípio geral o de que o empregador não pode exigir ao candidato a emprego ou ao trabalhador que preste informações relativas à sua vida privada. Trata-se de um princípio que não é absoluto, no sentido em que admite ser limitado. Para o efeito, exige-se o preenchimento cumulativo de três requisitos, respectivamente de natureza substantiva, formal e procedimental: por um lado, o empregador apenas pode exigir ao trabalhador tais informações quando estas sejam estritamente necessárias para avaliar da respectiva aptidão no que respeita à execução do contrato de trabalho; por outro lado, impõe-se ao empregador um ónus de natureza formal – a necessidade de fornecer ao trabalhador, por escrito, o fundamento invocado para tal exigência; por fim, quando se trate de questões relativas à saúde ou estado de gravidez, o acesso às informações não pode ser levado a efeito directamente pelo empregador, exigindo-se a intermediação de um médico. Sem o preenchimento cumulativo de tais requisitos, o candidato a emprego ou o trabalhador pode recusar-se legitimamente a prestar tais informações, tratando-se, no último caso, de uma hipótese típica de desobediência lícita, subsumível na parte final da alínea *d)* do n.º 1 do artigo 121.º do presente diploma.

Também nesta matéria a excepção ao princípio geral deve obedecer a princípios de proporcionalidade, necessidade e adequação, nos termos conjugados dos artigos 18.º, n.º 2, da Constituição, e 335.º do Código Civil.

IV. O n.º 2 do preceito concretiza o disposto no n.º 1 quanto a dois aspectos em particular, que se prendem com informações relativas à saúde ou estado de gravidez do trabalhador. Mais uma vez, o princípio é o de que o empregador não pode exigir a prestação de tais informações. Mas neste caso vai-se mais longe: na medida em que estão em causa duas matérias que integram a *esfera íntima* e tendencialmente secreta do trabalhador, exige-se, em sede de fundamentação para tal pedido de informação, que particulares exigências inerentes à actividade profissional o justifiquem. Neste contexto, apenas em casos muito excepcionais, relacionados com o tipo de actividade e o posto de trabalho, poderão ser exigidas ao trabalhador informações relativas ao seu estado de saúde ou gravidez. Admite-se que tal possa suceder, por exemplo, a propósito da *saúde* do trabalhador, relativamente a pilotos de aviação, controladores do tráfego aéreo, maquinistas de transportes ferroviários, condutores de transportes rodoviários, desportistas profissionais, enfermeiros, médicos e trabalhadores de serviços hospitalares; ou, relativamente ao estado de *gravidez*, quando esteja em causa o exercício de funções que possam afectar a função genética ou a saúde do nascituro, nomeadamente em serviços de radiologia. Por outro lado, nestes casos, exige-se a intermediação de um médico (n.º 3).

A diferença de regime entre os n.ºs 1 e 2, como nota Menezes Leitão (*Código do Trabalho Anotado*, 2.ª ed., Almedina, Coimbra, 2004, anotação ao artigo 17.º, p. 38), foi inspirada na habitualmente denominada *teoria das três esferas*, segundo a qual, em sede de direito à intimidade da vida privada, importa distinguir: a *esfera íntima* ou secreta, que compreende todos os factos que devem, objectivamente, ser inacessíveis a terceiros e absolutamente protegidos da curiosidade alheia, designadamente os que digam respeito a aspectos da vida familiar, a comportamentos sexuais, a práticas e convicções religiosas e ao estado de saúde das pessoas; a *esfera privada*, que compreende todos os factos cujo conhecimento o respectivo titular tem, subjectivamente, o interesse em guardar para si, designadamente factos atinentes à sua vida profissional, ao seu domicílio e hábitos de vida, cuja protecção é relativa, podendo ceder em caso de conflito com direitos ou interesses superiores; a *esfera pública,* que compreende todos os factos e situações do conhecimento público, que se verificam e se desenvolvem perante toda a comunidade e que por esta podem ser genericamente conhecidos e divulgados (veja-se, a este propósito, a anotação ao artigo 80.º do Código Civil, para a qual se remete).

O n.º 1 do preceito em questão compreende aspectos atinentes à *esfera privada* do trabalhador ou candidato a emprego, cuja protecção pode ceder caso tais elementos sejam estritamente necessários e relevantes para avaliar da respectiva aptidão no que respeita à execução do contrato de trabalho; o n.º 2 abrange questões relativas à *esfera íntima*, as quais pressupõem, consequentemente, uma tutela acrescida: a sua compressão só se justifica quando particulares exigências inerentes à actividade profissional o justifiquem, nos termos *supra* enunciados.

V. Recorda-se que o Tribunal Constitucional (TC), no Ac. n.º 306/93 de 25/6/2003, se pronunciou pela não inconstitucionalidade do presente preceito, na versão da Proposta de Lei n.º 29/IX, na parte em que nele se admite que o empregador pode, excepcionalmente e nos termos acima enunciados, exigir ao candidato a emprego ou ao trabalhador informações relativas à sua saúde ou estado de gravidez. Todavia, o TC pronunciou-se pela inconstitucionalidade da norma na parte em que nela se admitia o acesso directo por parte do empregador a tais informações. Neste contexto, o preceito sob anotação foi alterado, relativamente à versão inicial da referida Proposta de Lei, acrescentando--se o actual n.º 3: as informações exigidas ao trabalhador ou ao candidato a emprego são prestadas a médico, que só pode comunicar ao empregador se o trabalhador está ou não apto para desempenhar a actividade, salvo autorização escrita deste. Trata-se de uma solução similar à do artigo 19.º, n.º 3 [veja-se, a este propósito, Parecer n.º 8/03 da Comissão Nacional de Protecção de Dados (CNPD)].

VI. Os números 4 e 5 concretizam o direito à protecção de dados pessoais, garantindo-se ao trabalhador o direito ao controlo dos respectivos dados pessoais; a tomar conhecimento do teor dos dados que estão na posse do empregador e dos fins a que os mesmos se destinam. A propósito da utilização de ficheiros e acessos informáticos utilizados pelo empregador para efeitos de tratamento de dados pessoais, remete--se para a legislação em vigor relativa à protecção de dados pessoais – actualmente a Lei n.º 67/98, de 26 de Outubro, que transpôs para o ordenamento nacional a Directiva n.º 95/46/CE, do Parlamento Europeu e do Conselho, de 24 de Outubro de 1995 (a propósito da aplicação da Lei n.º 67/98, de 26 de Outubro, e da sua relação com a matéria em apreço, veja-se Menezes Leitão, *Código do Trabalho Anotado*, 2.ª ed., Almedina, Coimbra, 2004, anotação ao artigo 17.º, pp. 39-40. A propósito do dever de informação no contrato de trabalho, veja-se Paula Meira Lourenço, «Os deveres de informação no contrato de trabalho», in *RDES*, 2003, n.ºs 1-2, pp. 29 e ss.).

VII. A violação do disposto nos números 1, 2 e 3 do presente preceito constitui contra-ordenação muito grave (artigo 641.º, n.º1).

ARTIGO 18.º
(**Integridade física e moral**)

O empregador, incluindo as pessoas singulares que o representam, e o trabalhador gozam do direito à respectiva integridade física e moral.

I. O presente artigo não tem correspondência na anterior legislação laboral. Apresenta pontos de contacto com o artigo 25.º da Constituição e afinidades com o artigo 328.º do Código Suíço, artigo L. 120.2 do *Code du Travail* (França), artigo 4.º do *Estatuto de los Trabajadores* (Espanha) e artigo 373.º A da Consolidação das Leis do Trabalho (Brasil).

II. O preceito sob anotação, nomeadamente quando conjugado com o artigo 24.º do presente diploma, proscreve a prática de actos vexatórios, hostis, humilhantes ou degradantes para a contraparte, que afectem a sua dignidade enquanto cidadão e a respectiva honorabilidade. Sendo certo que o direito em causa pode ser invocado por qualquer das partes em presença, não deixa igualmente de ser verdade que a sua consagração teve em vista no essencial a protecção do contraente mais débil – o trabalhador – contra potenciais investidas do empregador.

O preceito em causa garante a tutela das partes contra o assédio moral, habitualmente denominado por *mobbing* – prática persecutória reiterada, contra o trabalhador, levada a efeito, em regra, pelos respectivos superiores hierárquicos ou pelo empregador, a qual tem por objectivo ou como efeito afectar a dignidade do visado, levando-o eventualmente ao extremo de querer abandonar o emprego (veja-se, a este propósito, Regina Redinha, «Assédio Moral ou Mobbing no Trabalho», in *Estudos em Homenagem ao Prof. Doutor Raúl Ventura,* Volume II, Faculdade de Direito de Lisboa, Coimbra, pp. 833-847).

ARTIGO 19.º
(Testes e exames médicos)

1. Para além das situações previstas na legislação relativa a segurança, higiene e saúde no trabalho, o empregador não pode, para efeitos de admissão ou permanência no emprego, exigir ao candidato a emprego ou ao trabalhador a realização ou apresentação de testes ou exames médicos, de qualquer natureza, para comprovação das condições físicas ou psíquicas, salvo quando estes tenham por finalidade a protecção e segurança do trabalhador ou de terceiros, ou quando particulares exigências inerentes à actividade o justifiquem, devendo em qualquer caso ser fornecida por escrito ao candidato a emprego ou trabalhador a respectiva fundamentação.

2. O empregador não pode, em circunstância alguma, exigir à candidata a emprego ou à trabalhadora a realização ou apresentação de testes ou exames de gravidez.

3. O médico responsável pelos testes e exames médicos só pode comunicar ao empregador se o trabalhador está ou não apto para desempenhar a actividade, salvo autorização escrita deste.

I. O presente artigo não tem correspondência na anterior legislação laboral. Apresenta pontos de contacto com o artigo 26.º da Constituição, artigos 70.º e ss do Código Civil e artigos 272.º e ss do presente diploma, bem como afinidades com o artigo 328.º do Código Suíço, artigo 4.º do *Estatuto de los Trabajadores* (Espanha) e artigo 373.º A da Consolidação das Leis do Trabalho (Brasil).

II. A I parte do n.º 1 do preceito sob anotação afirma como princípio geral o de que o empregador não pode, para efeitos de admissão ou permanência no emprego e ressalvadas as situações previstas na legislação relativa a segurança, higiene e saúde no trabalho, exigir ao candidato a emprego ou ao trabalhador a realização ou apresentação de testes ou exames médicos, de qualquer natureza, para comprovação das condições físicas ou psíquicas do trabalhador. Também neste caso, à semelhança do artigo 17.º, para cuja anotação se remete, se tem em vista não apenas o trabalhador, mas também aquele que se candidata ao emprego, ficando abrangidos os actos e negócios praticados nos preliminares da formação contratual. Está em causa, mais uma vez, a protecção da *esfera íntima* do trabalhador ou candidato a emprego, bem como a respectiva integridade moral ou física.

III. A II parte do n.º 1 admite limitações ao referido princípio geral, mediante o preenchimento cumulativo de três requisitos: em termos substantivos, o empregador poderá exigir a realização ou a apresentação de exames médicos quando a finalidade de tal exigência se prenda com a protecção e segurança do trabalhador ou de terceiros, ou quando particulares exigências inerentes à actividade o justifiquem; do ponto de vista formal exige-se (à semelhança do regime do artigo 17.º) que o empregador forneça por escrito ao candidato a emprego ou ao trabalhador a fundamentação que preside à referida exigência e que as informações sejam prestadas a médico; em termos procedimentais, exige-se a intermediação de um médico.

Assim, se estiver em causa uma actividade de manuseamento de produtos tóxicos, justifica-se que o empregador possa exigir ao trabalhador a apresentação de exames médicos destinados a comprovar a inexistência de doenças de natureza respiratória (protecção do trabalhador); tratando-se do exercício de funções de enfermagem na unidade de cuidados intensivos de um serviço hospitalar, justifica-se que o empregador possa exigir ao trabalhador testes comprovativos de que o mesmo não padece de qualquer doença infecto-contagiosa (protecção de terceiros); se estiver em causa a contratação de um piloto de aviação ou a de um praticante desportivo, é a própria natureza da actividade que parece justificar tal exigência.

IV. O n.º 2 do preceito em anotação vem impor um limite à abertura conferida pela II parte do n.º 1: o empregador não pode, em circunstância alguma, exigir à candidata a emprego ou à trabalhadora a apresentação de testes ou exames de gravidez. Trata-se de um preceito absolutamente imperativo, que não admite derrogação em contrário, em nome do personalismo ético e da dignidade humana. Não obstante o preceito não o afirmar expressamente, advoga-se que o respectivo regime também não legitima em qualquer circunstância e por idênticas razões a exigência de realização de testes genéticos.

V. O n.º 3 do preceito em anotação garante ao trabalhador a confidencialidade dos testes ou exames médicos a que se haja submetido: o médico responsável pela sua realização só pode comunicar ao empregador se o trabalhador está ou não apto para desempenhar a actividade, salvo autorização escrita deste. Trata-se de um corolário do direito à reserva da intimidade da vida privada.

VI. A violação do disposto nos números 1 e 2 do presente preceito constitui contra-ordenação muito grave (artigo 641.º, n.º 1).

ARTIGO 20.º
(Meios de vigilância a distância)

1. O empregador não pode utilizar meios de vigilância a distância no local de trabalho, mediante o emprego de equipamento tecnológico, com a finalidade de controlar o desempenho profissional do trabalhador.

2. A utilização do equipamento identificado no número anterior é lícita sempre que tenha por finalidade a protecção e segurança de pessoas e bens ou quando particulares exigências inerentes à natureza da actividade o justifiquem.

3. Nos casos previstos no número anterior o empregador deve informar o trabalhador sobre a existência e finalidade dos meios de vigilância utilizados.

I. O presente artigo não tem correspondência na anterior legislação laboral. Apresenta pontos de contacto com os artigos 70.º e ss do Código Civil e afinidades com o artigo 4.º do *Statuto dei Lavoratori* (Itália).

II. O preceito sob anotação estabelece como princípio geral o de que o empregador não pode utilizar meios de vigilância a distância, nomeadamente câmaras de vídeo, equipamento audiovisual, microfones dissimulados ou mecanismos de escuta e registo telefónico com o propósito de controlar o exercício da actividade profissional do trabalhador de forma impessoal e tendencialmente ininterrupta. Os registos provenientes da utilização de tais meios não podem, por maioria de razão, ser utilizados como meio de prova, em sede de procedimento disciplinar (veja-se, a este propósito, Guilherme Dray, «Justa causa e esfera privada», in *Estudos do Instituto de Direito do Trabalho*, II, Almedina, 2001, pp. 81-86 e Isabel Alexandre, *Provas Ilícitas em Processo Civil*, Almedina, Coimbra, 1988, pp. 233 e ss).

III. Nos termos do n.º 2, o princípio em causa pode sofrer limitações quando esteja em causa a protecção e segurança de pessoas e bens ou quando particulares exigências inerentes à actividade profissional o justifiquem. Incluir-se-á no primeiro caso, por exemplo, a instalação de câmaras de vídeo em estabelecimentos de venda ao público, dependências bancárias, aeroportos ou postos de gasolina; no segundo caso, a escuta e registo de todas as comunicações estabelecidas entre um piloto de aviação e os controladores aéreos no decurso de uma viagem.

Em qualquer caso, importa atender aos já enunciados princípios da proporcionalidade, necessidade e adequação: qualquer decisão sobre a realização de controlo a distância da actividade laboral deve ser criteriosa, evitando-se que os benefícios que o empregador pretende obter sejam desproporcionados em relação ao grau de lesão que vai ser causado à privacidade dos trabalhadores. À luz destes princípios conclui-se sem necessidade de ulteriores glosas que a utilização de equipamentos tecnológicos destinados a controlar a utilização pelos trabalhadores das instalações sanitárias é claramente abusiva e ilícita.

IV. A licitude da utilização de meios de vigilância a distância, nos casos em que o admite o n.º 2, depende ainda do cumprimento de um dever de informação e de comunicação por parte do empregador relativamente à existência e finalidade dos meios utilizados. Os titulares do direito à informação são os trabalhadores afectados. Admite-se, contudo, que o cumprimento dos deveres em causa possa realizar-se perante a comissão de trabalhadores, caso exista, sendo inexigível em tal caso a prestação de informações individualizadas a todos os trabalhadores. O preceito em causa não estabelece uma forma especial para efeitos de cumprimento dos aludidos deveres: o empregador é livre de o fazer, nomeadamente, através de anúncios, missivas, tabuletas ou avisos afixados no local de trabalho, desde que o faça de modo adequado para que se torne possível o seu conhecimento por parte dos trabalhadores afectados. A única directriz legislativa sobre esta matéria surge no artigo 29.º da LECT, a propósito da afixação de determinados dizeres, quando esteja em causa a utilização de «circuitos fechados de televisão».

Em todo o caso, o artigo 28.º da LECT, que regulamenta o Código do Trabalho, impõe um ónus procedimental acrescido: a utilização de meios de vigilância à distância no local de trabalho está sujeita a autorização da Comissão Nacional de Protecção de Dados, sendo certo que esta só pode ser concedida se a utilização dos meios for necessária, adequada e proporcional aos objectivos a atingir. Além disso, determina-se ainda que os dados pessoais recolhidos através dos meios de vigilância à distância devem ser conservados durante o período necessário para a prossecução das finalidades da utilização a que se destinam, devendo ser destruídos no momento da transferência do trabalhador para outro local de trabalho ou da cessação do contrato de trabalho.

Exige-se, por fim, que o pedido de autorização seja acompanhado de parecer da comissão de trabalhadores ou, dez dias após a consulta, de comprovativo do pedido de parecer.

V. A violação do disposto nos n.º 1 do presente preceito constitui contra-ordenação muito grave (artigo 641.º, n.º1) e a do disposto no n.º 3 constitui contra-ordenação leve (artigo 641.º, n.º 2).

ARTIGO 21.º
(Confidencialidade de mensagens e de acesso a informação)

1. O trabalhador goza do direito de reserva e confidencialidade relativamente ao conteúdo das mensagens de natureza pessoal e acesso a informação de carácter não profissional que envie, receba ou consulte, nomeadamente através do correio electrónico.
2. O disposto no número anterior não prejudica o poder de o empregador estabelecer regras de utilização dos meios de comunicação na empresa, nomeadamente do correio electrónico.

I. O presente artigo não tem correspondência na anterior legislação laboral. Apresenta pontos de contacto com o artigos 26.º e 34.º da Constituição e os artigos 70.º e seguintes do Código Civil, em especial com os artigos 75.º a 78.º e 80.º deste último diploma.

II. Afirma-se como princípio geral o de que são proscritas ao empregador intrusões ao conteúdo das mensagens de natureza não profissional que o trabalhador envie, receba ou consulte a partir ou no local de trabalho, independentemente da forma que as mesmas revistam. Assim, tanto é protegida a confidencialidade das tradicionais cartas missivas, como a das informações enviadas ou recebidas através da utilização de tecnologias de informação e de comunicação, nomeadamente do correio electrónico. No mesmo sentido, os sítios da *internet* que hajam sido consultados pelo trabalhador e as informações por ele recolhidas gozam da protecção do presente artigo, bem como as comunicações telefónicas que haja realizado a partir do local de trabalho.

Neste contexto, retira-se do preceito sob anotação que o empregador ou quem o represente não pode aceder a mensagens de natureza pessoal que constem da caixa de correio electrónico do trabalhador. A visualização de tais mensagens, que apenas se justifica em casos esporádicos, deve ser feita na presença do trabalhador ou de quem o represente e deve limitar-se à visualização do endereço do destinatário ou remetente da mensagem, do assunto, data e hora do envio. O controlo do correio electrónico da empresa deve realizar-se de forma aleatória e não persecutória e ter como finalidade a promoção da segurança do sistema e a sua performance. No mesmo sentido, o empregador não deve controlar os sítios da *internet* que hajam sido consultados pelos trabalhadores. Em regra, o controlo dos acessos à *internet* deve ser feito de forma não individualizada e global e não persecutória. Na mesma linha argumentativa, conclui-se que é vedado ao empregador, com recurso às centrais telefónicas, aceder a comunicações ou promover a utilização de dispositivos de escuta, armazenamento, intercepção e vigilância das mesmas.

III. O n.º 2 do preceito em causa visa repor um justo equilíbrio entre a tutela do direito à confidencialidade de que goza o trabalhador, por um lado, e a liberdade de gestão empresarial, no polo oposto. A reserva da intimidade da vida privada do trabalhador não prejudica a possibilidade de o empregador estabelecer regras de utilização dos meios de comunicação e das tecnologias de informação e de comunicação manuseados na empresa, nomeadamente através da imposição de limites, tempos de utilização, acessos ou sítios vedados aos trabalhadores. O preceito em causa não estabelece a forma pela qual tais regras devem ser concebidas e comunicadas. Também neste caso (à semelhança do disposto no n.º 3 do preceito anterior) vigora o princípio do consensualismo: qualquer meio utilizado será lícito, desde que se revele adequado para que se torne possível o seu conhecimento por parte dos trabalhadores da empresa. Admite-se, porém, que o regulamento da empresa se afigure o meio por excelência a adoptar para o efeito.

IV. O incumprimento das regras de utilização fixadas nos termos do n.º 2 consubstancia uma infracção disciplinar, mas não legitima a violação, pelo empregador, do direito à confidencialidade a que se refere o n.º 1. Admite-se por outro lado que a invocação pelo trabalhador do direito à confidencialidade previsto no n.º 1 como forma de justificar o cumprimento defeituoso do contrato ou a inobservância das regras de utilização fixadas nos termos do n.º 2 possa constituir uma hipótese típica de abuso de direito (artigo 334.º do Código Civil).

ÍNDICE

INTRODUÇÃO	5
I – CÓDIGO CIVIL	13
Livro I – Parte Geral	13
Título II – Das Relações Jurídicas	13
Subtítulo I – Das Pessoas	13
Capítulo I – Pessoas Singulares	13
Secção I – Personalidade e Capacidade Jurídica	13
Artigo 66.º – Começo da personalidade	13
Artigo 67.º – Capacidade jurídica	20
Artigo 68.º – Termo da personalidade	23
Artigo 69.º – Renúncia à capacidade jurídica	25
Secção II – Direitos de Personalidade	26
Artigo 70.º – Tutela geral da personalidade	26
Artigo 71.º – Ofensa a pessoas já falecidas	39
Artigo 72.º – Direito ao nome	41
Artigo 73.º – Legitimidade	43
Artigo 74.º – Pseudónimo	43
Artigo 75.º – Cartas-missivas confidenciais	44
Artigo 76.º – Publicação de cartas confidenciais	47
Artigo 77.º – Memórias familiares e outros escritos confidenciais	48
Artigo 78.º – Cartas-missivas não confidenciais	49
Artigo 79.º – Direito à imagem	50

Artigo 80.º – Direito à reserva sobre a intimidade da vida privada 52
Artigo 81.º – Limitação voluntária dos direitos de personalidade 59

II – CÓDIGO DO TRABALHO 61

Livro I – Parte Geral 61

Título I – Fontes e Aplicação do Direito do Trabalho 61

Capítulo I – Disposições Gerais 61

Secção II – Sujeitos 61

Subsecção I – Capacidade 61
Artigo 14.º – Princípio geral 61

Subsecção II – Direitos de personalidade 63
Artigo 15.º – Liberdade de expressão e de opinião 63
Artigo 16.º – Reserva da intimidade da vida privada 73
Artigo 17.º – Protecção de dados pessoais 77
Artigo 18.º – Integridade física e moral 81
Artigo 19.º – Testes e exames médicos 82
Artigo 20.º – Meios de vigilância à distância 84
Artigo 21.º – Confidencialidade de mensagens e de acesso a informação 87